Moments À vent

À L'esprit Pour Maman

Livre de Coloriage pour les Mamans

Coloring Bandit

Publié par Speedy Publishing Canada Limited

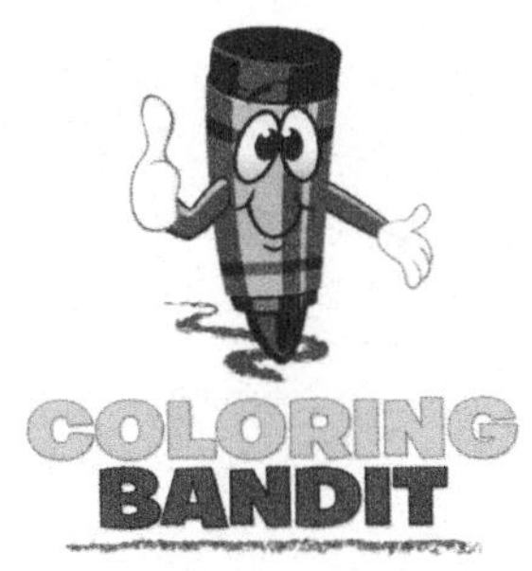

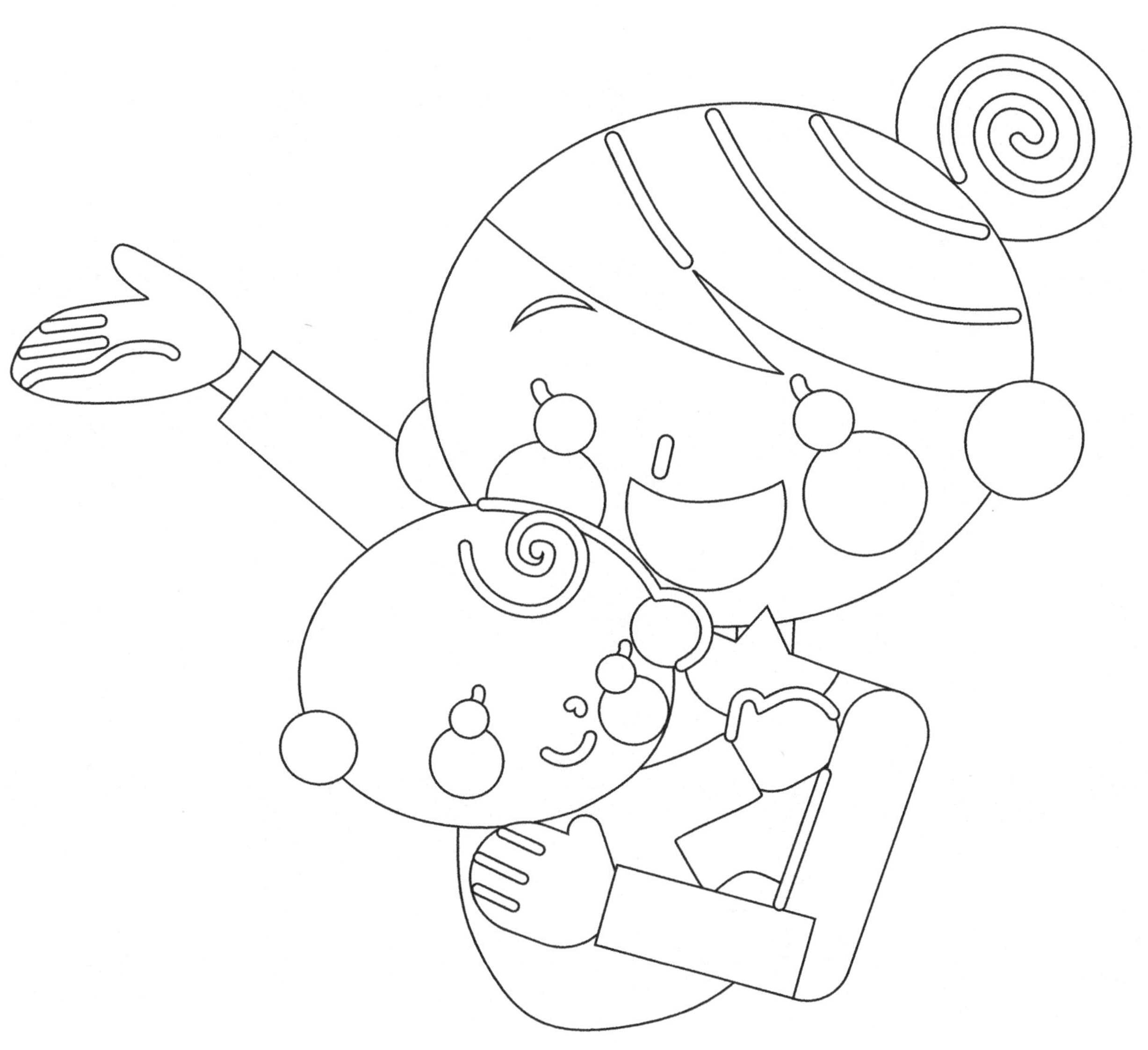

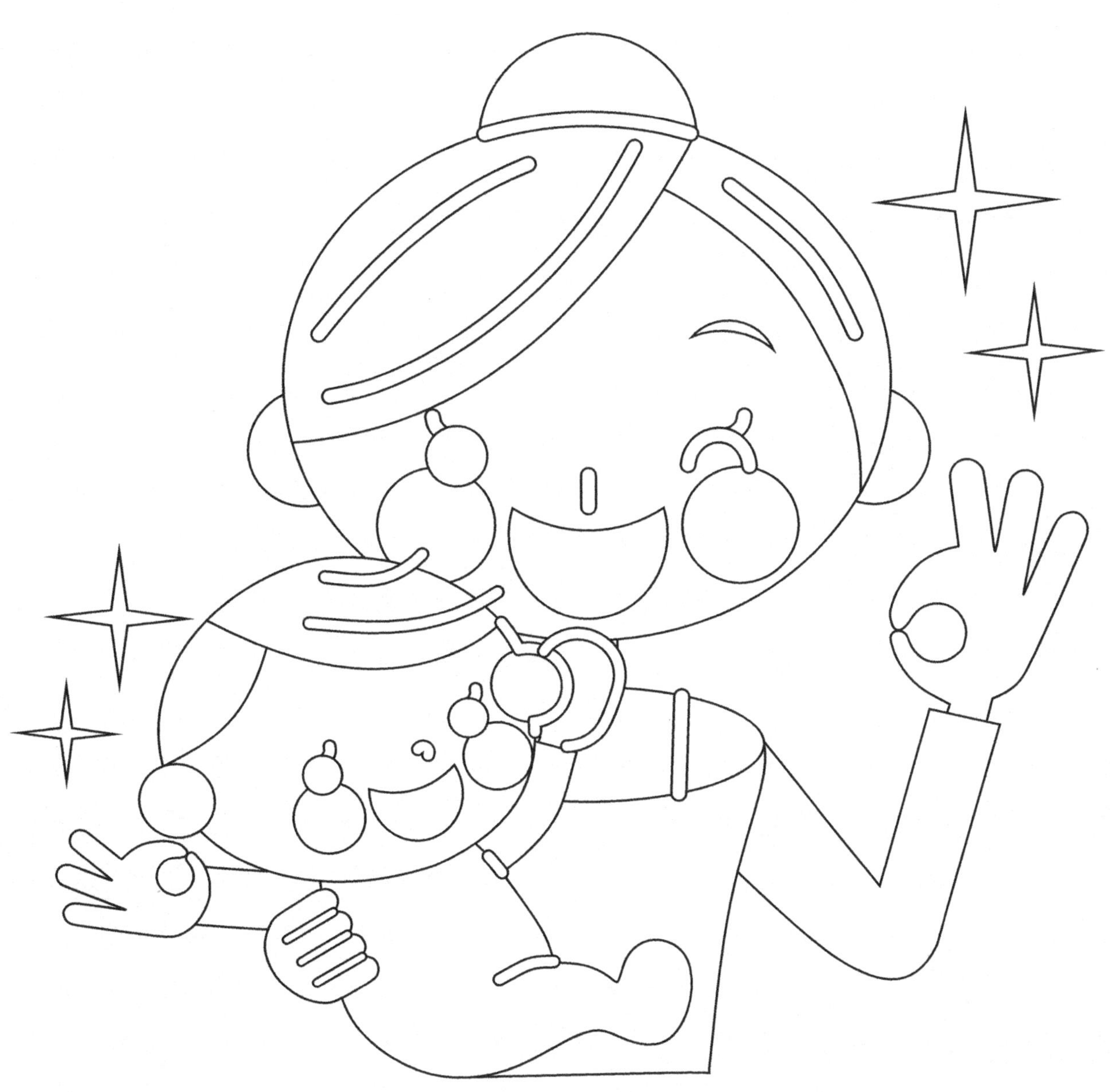

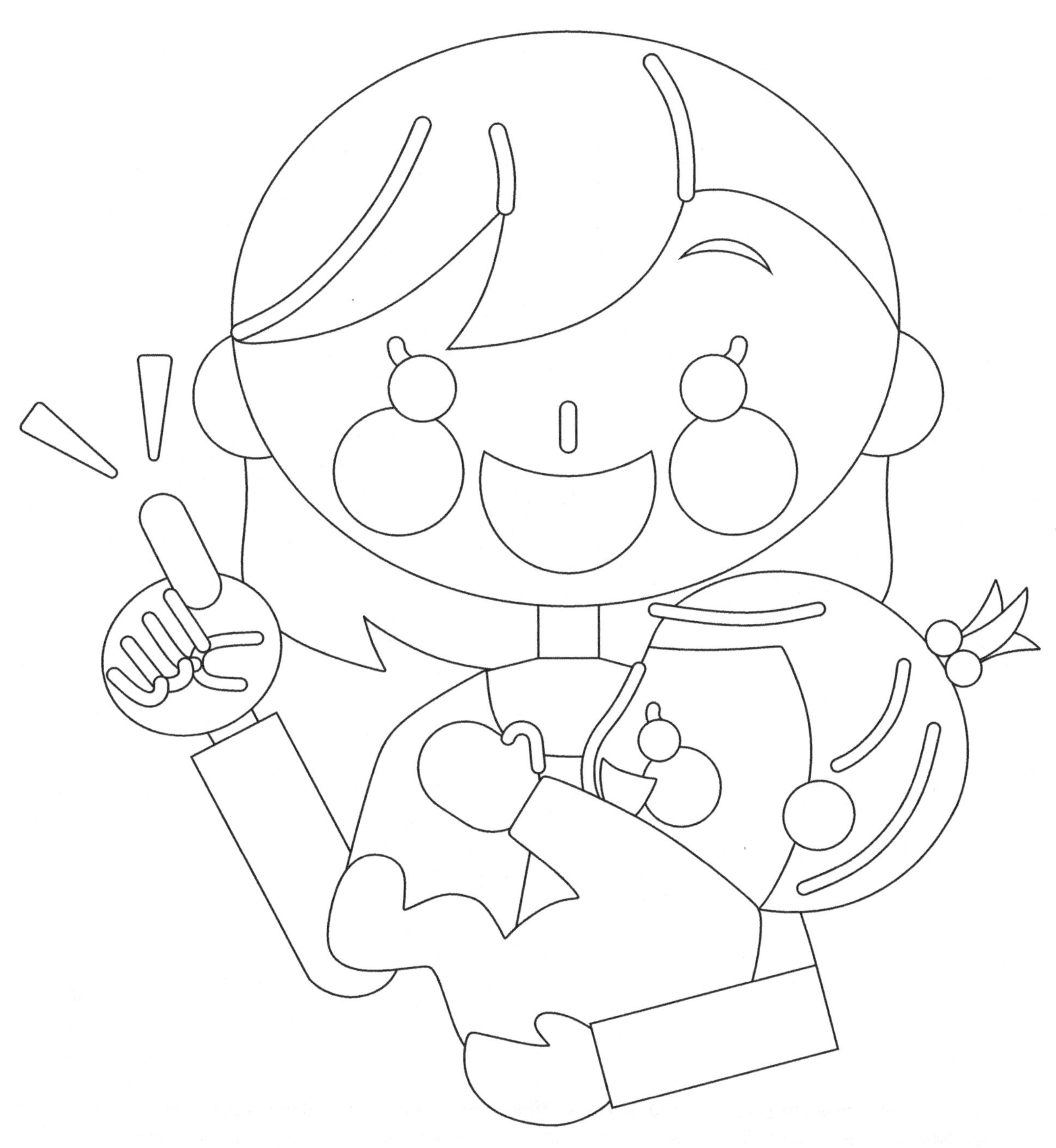

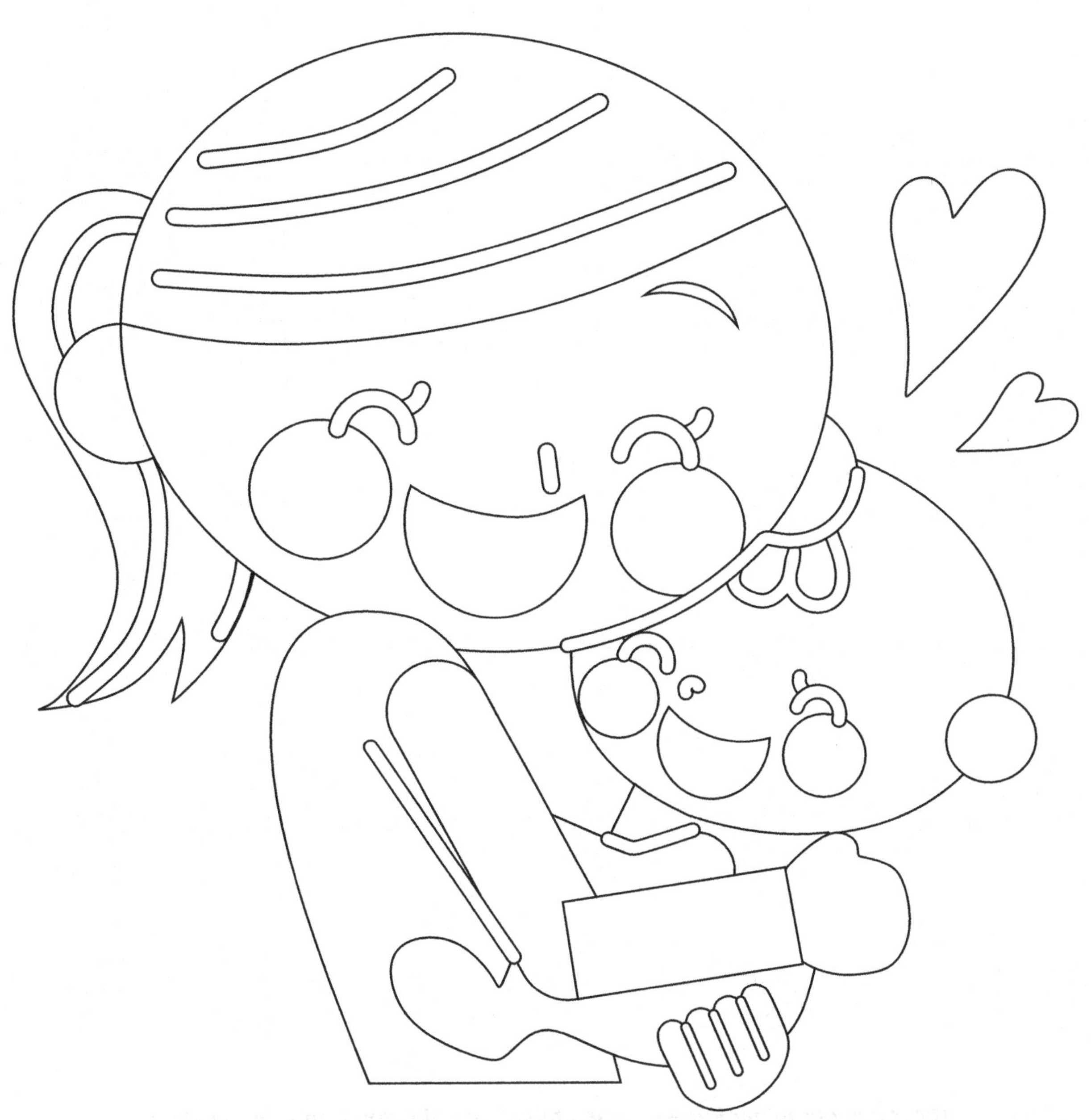

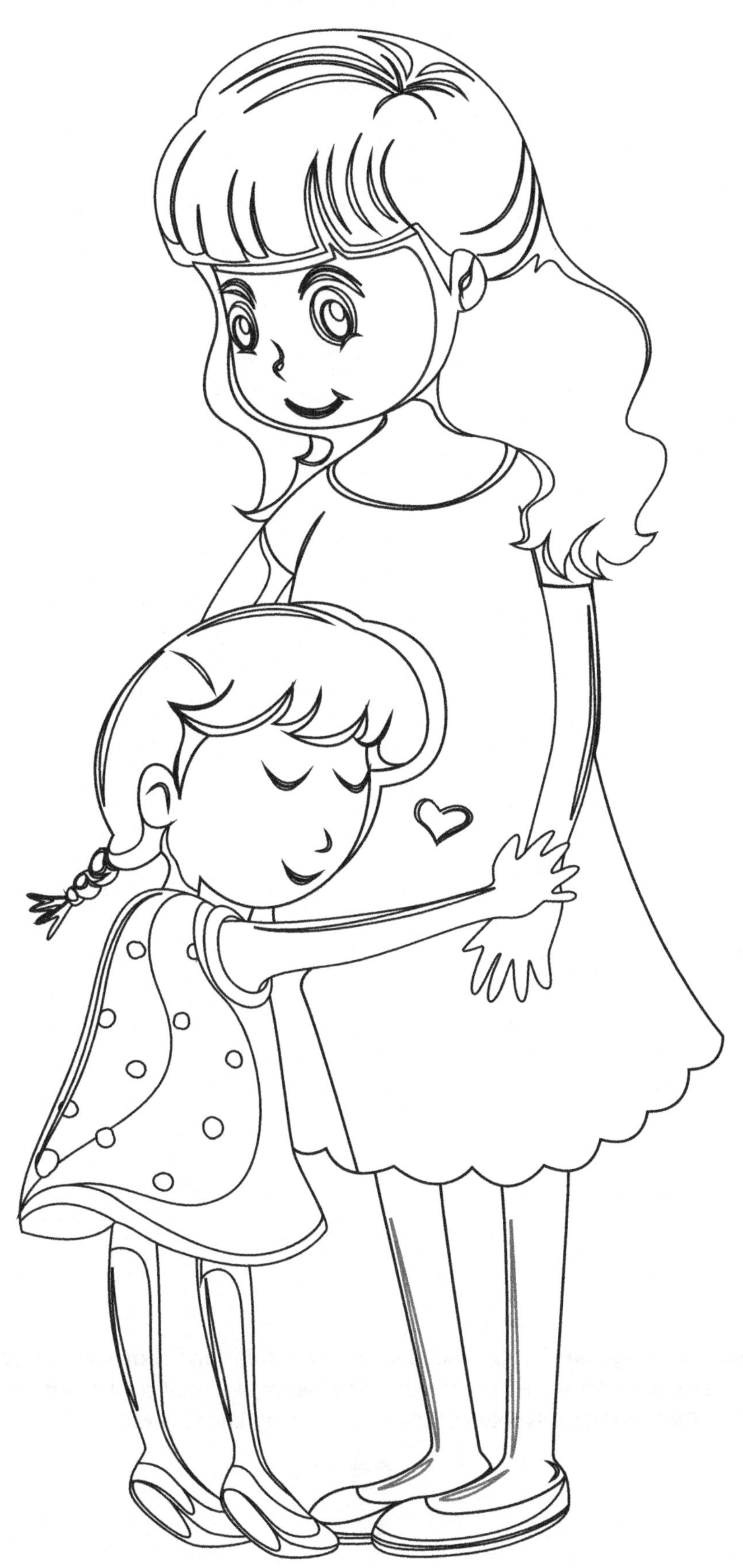

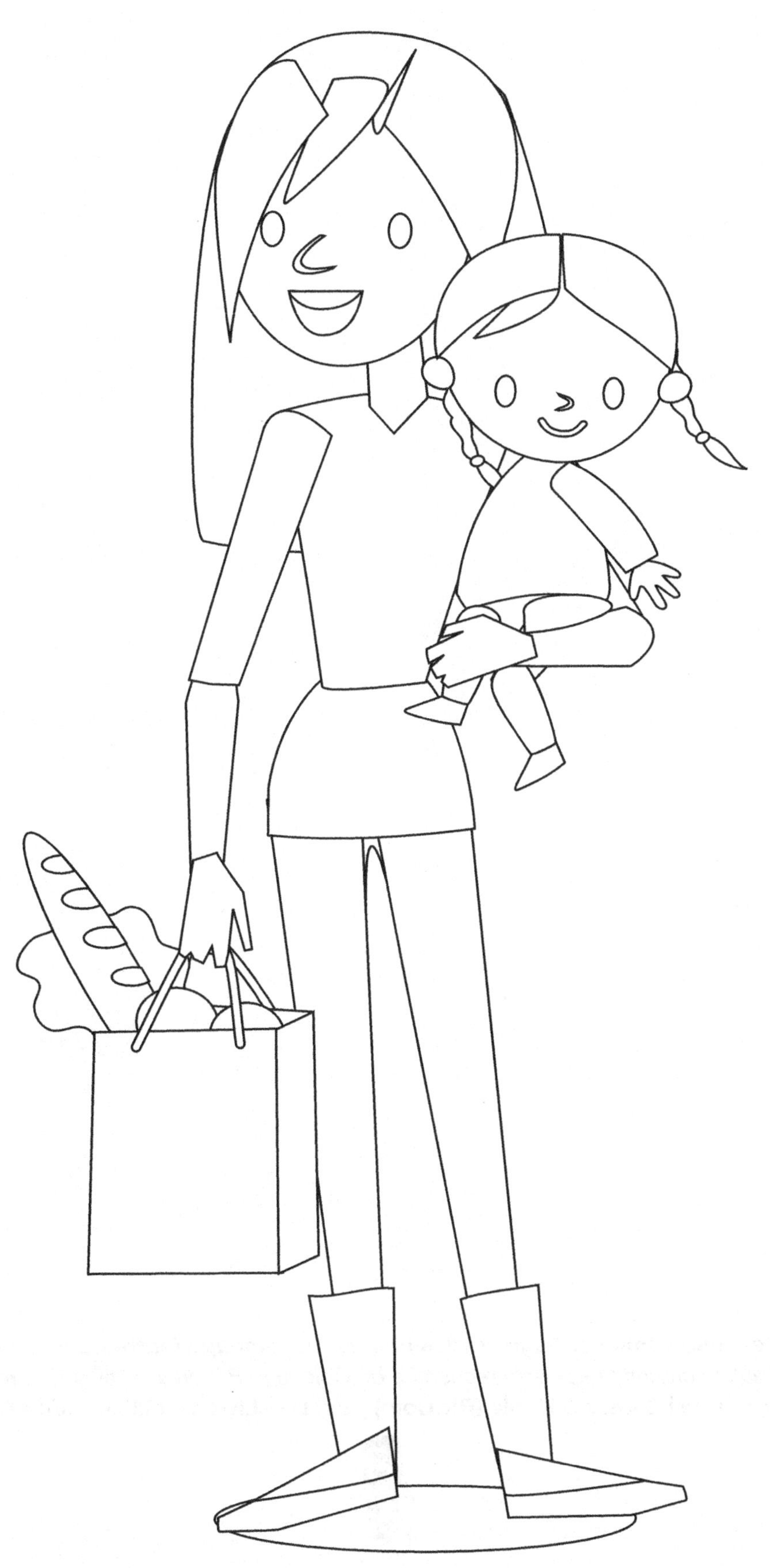

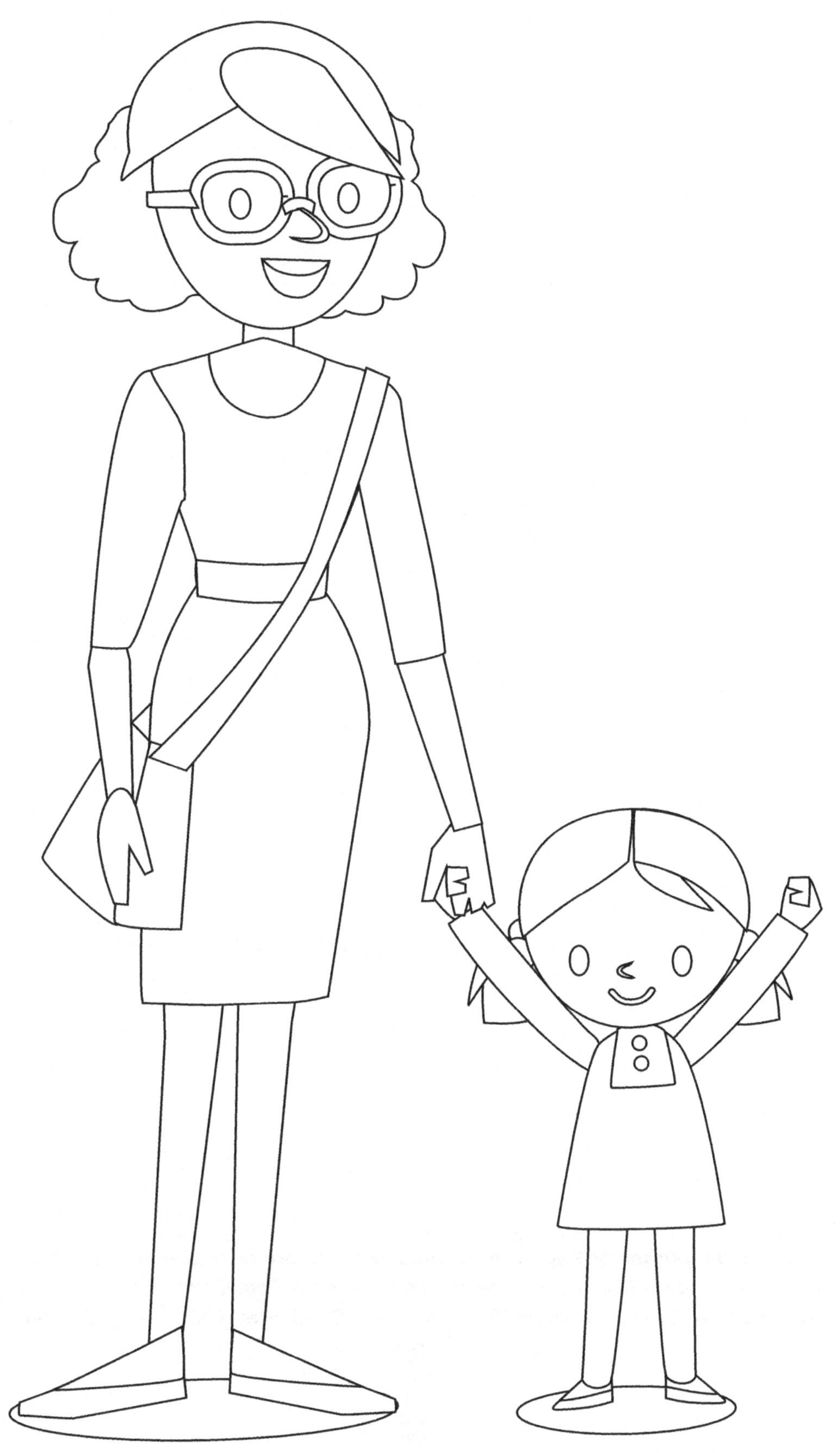

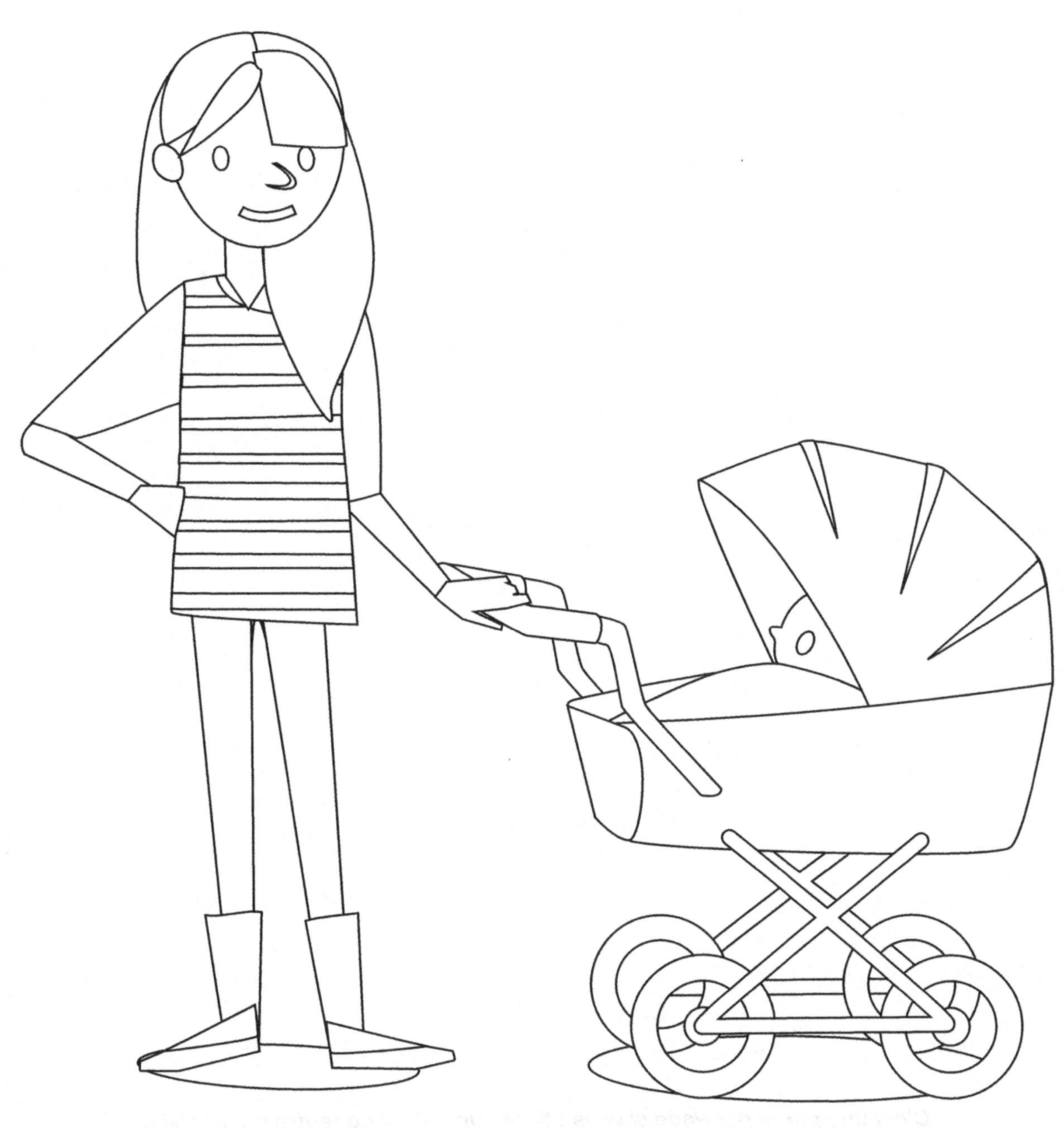

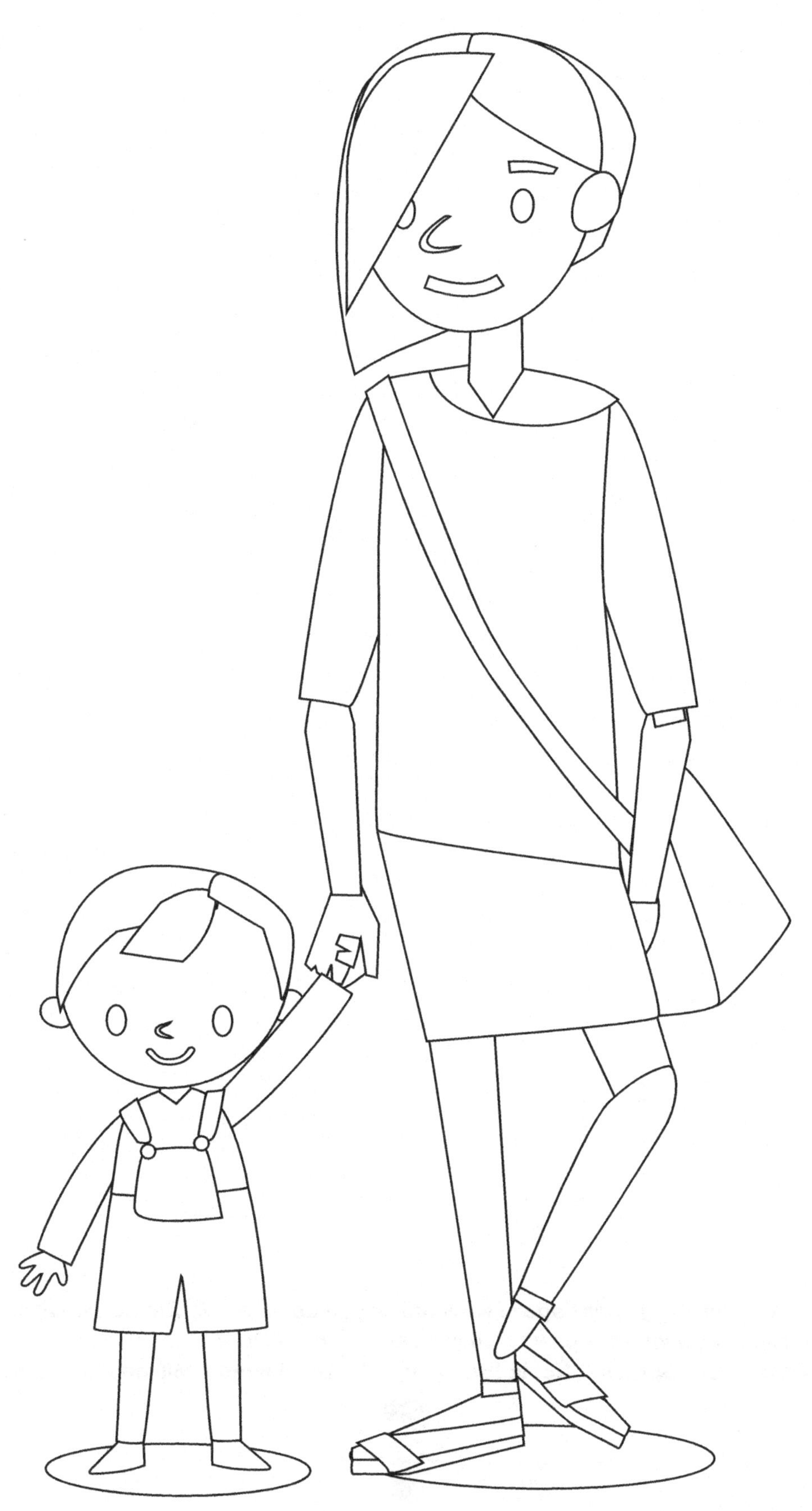

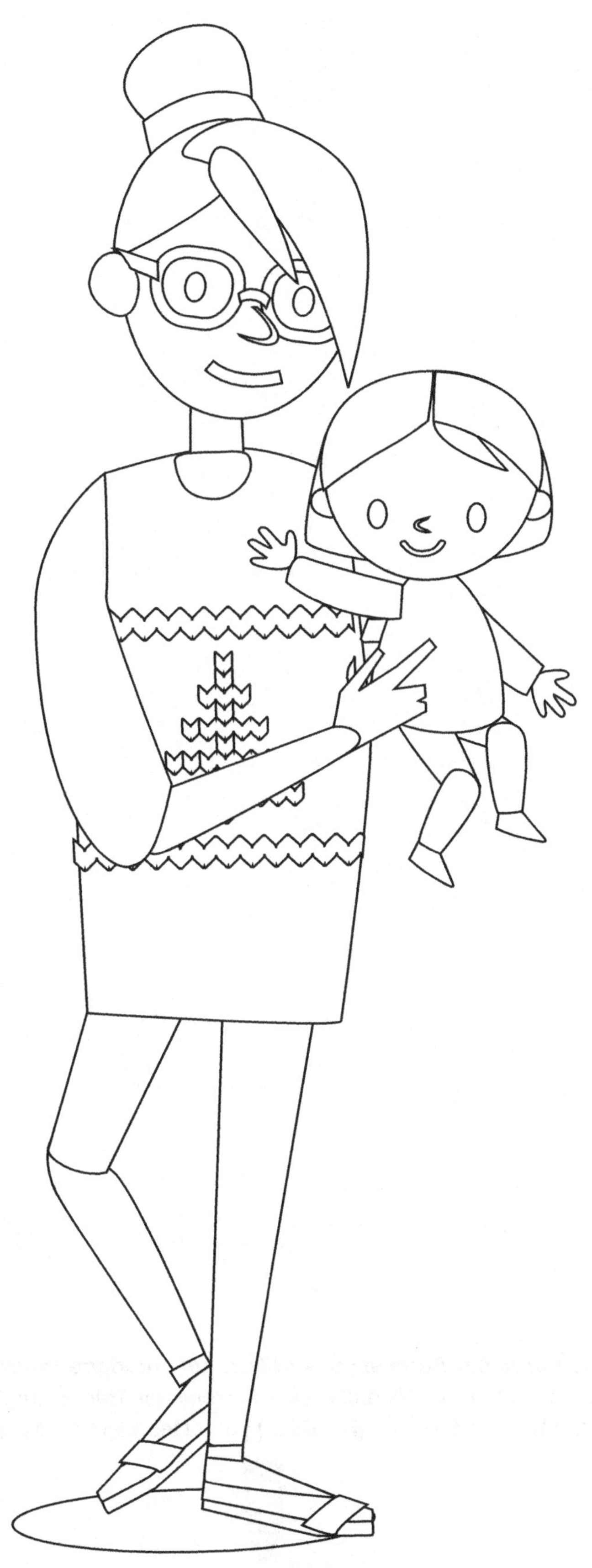

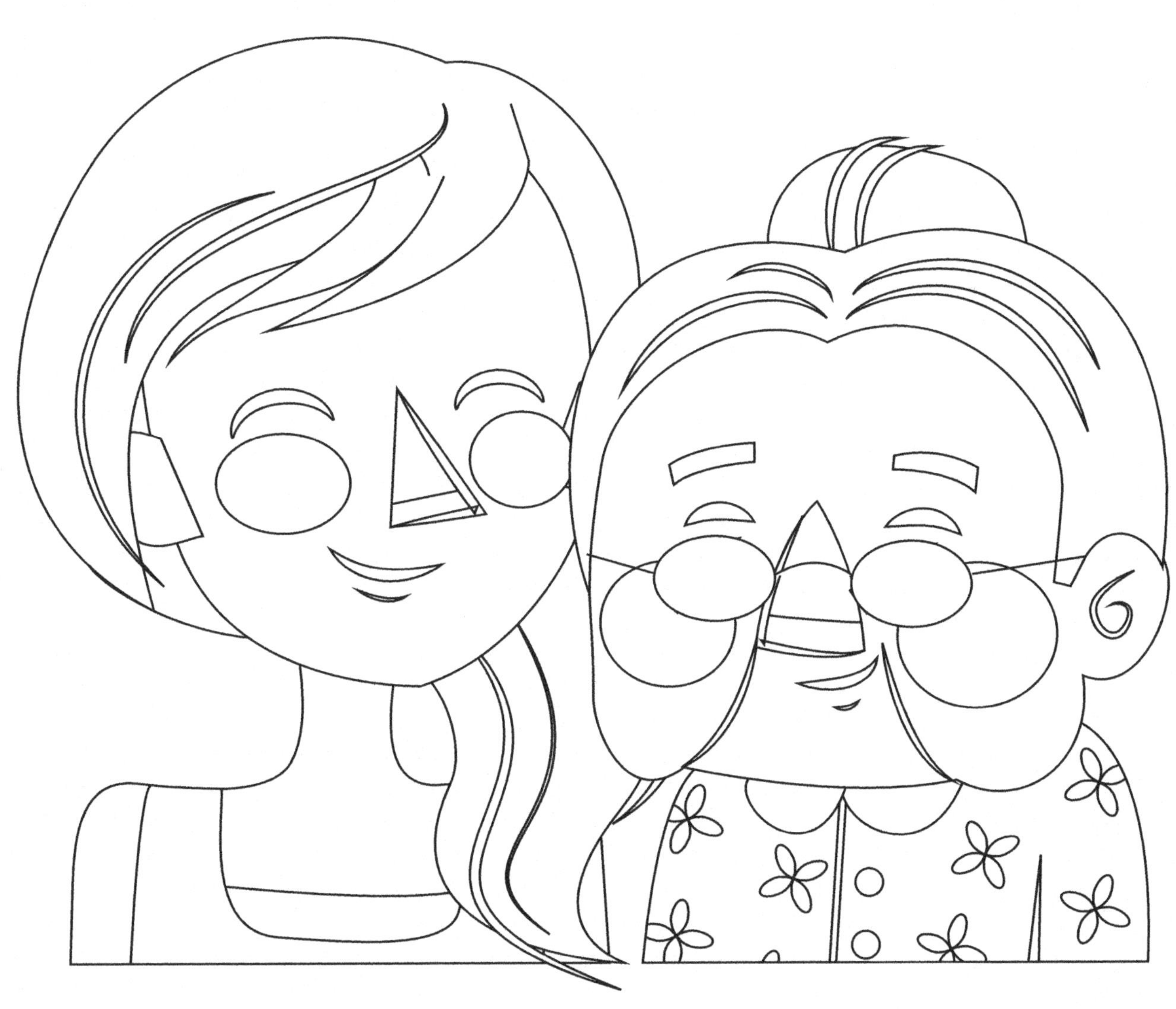

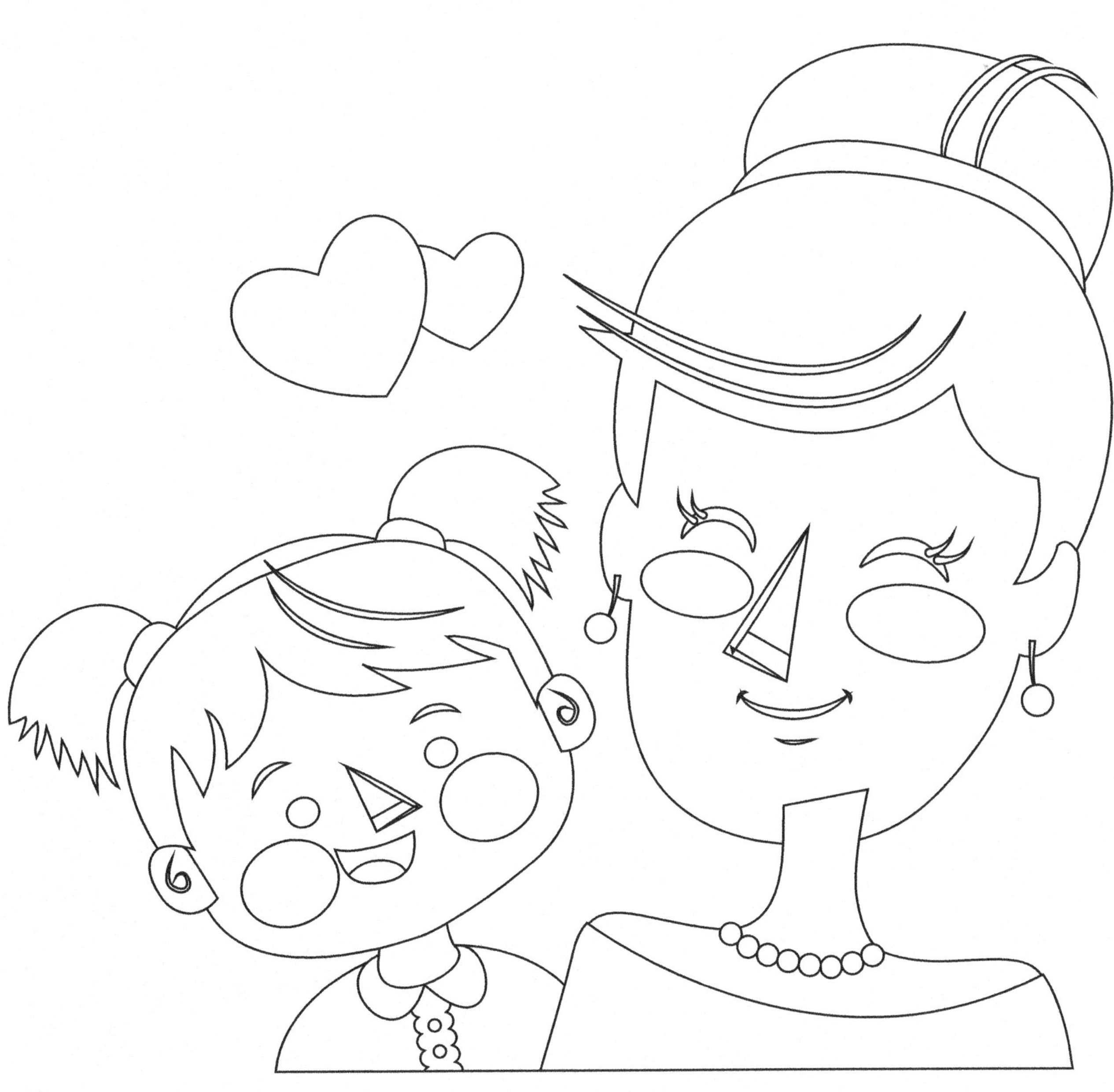

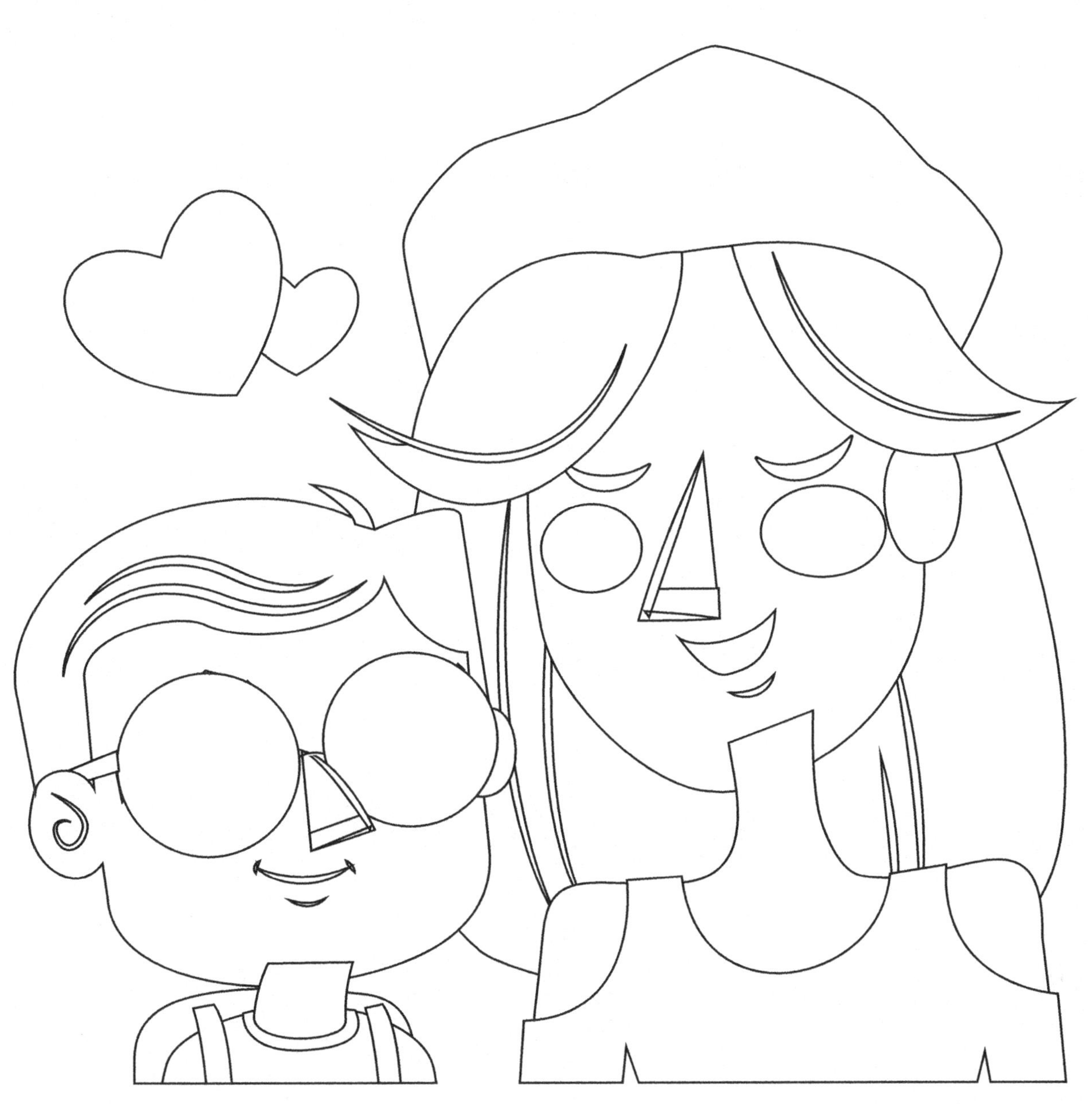

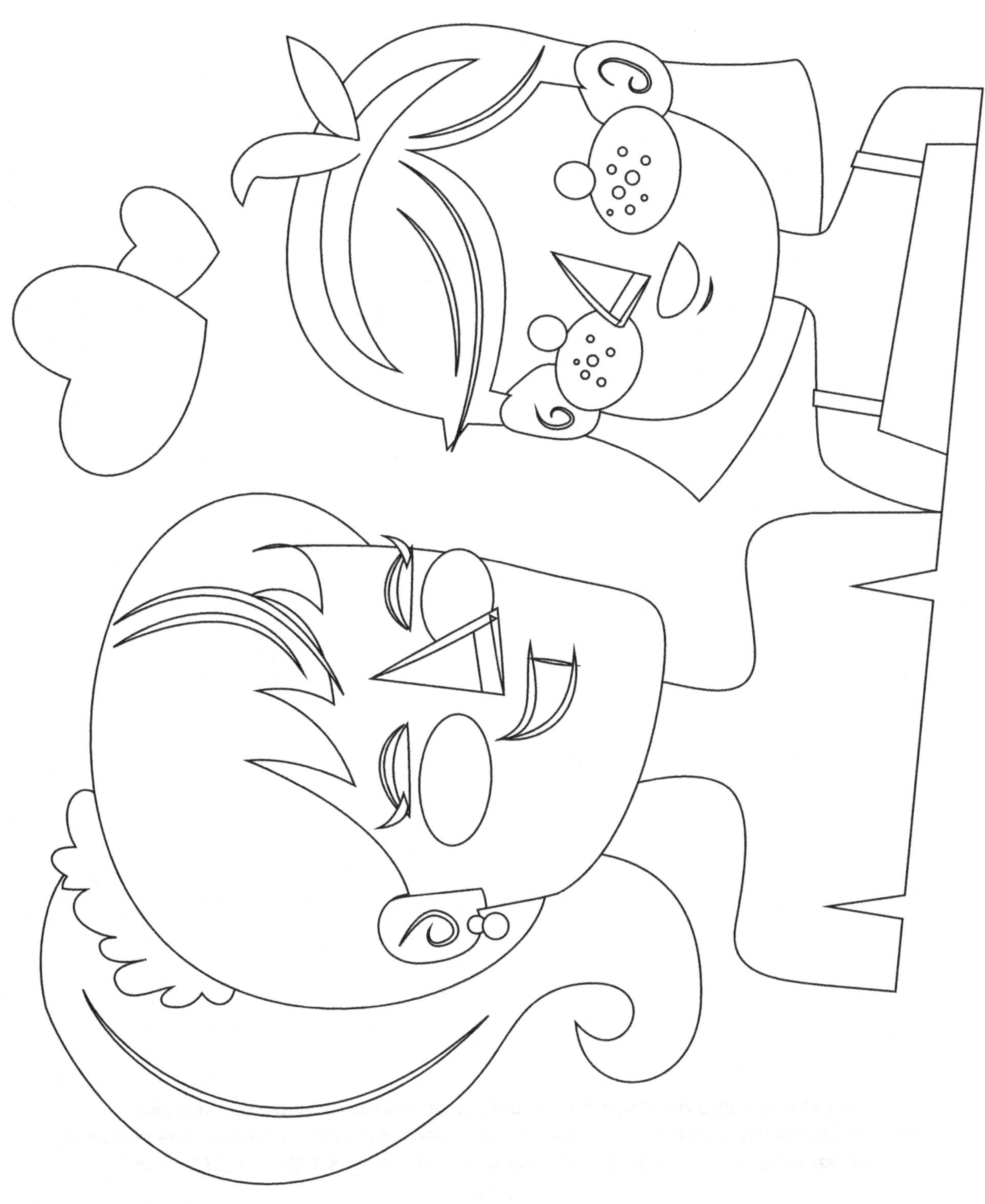

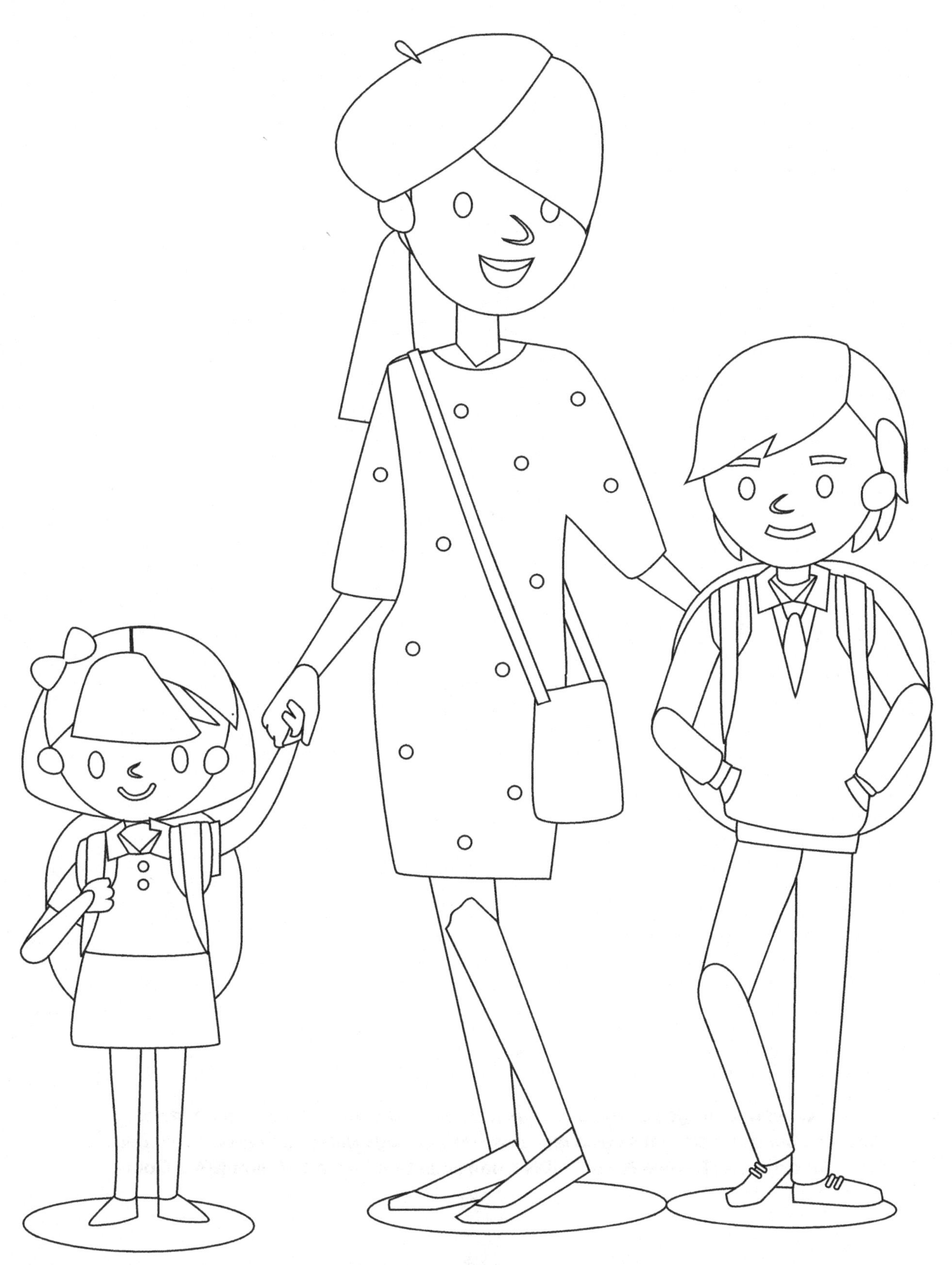

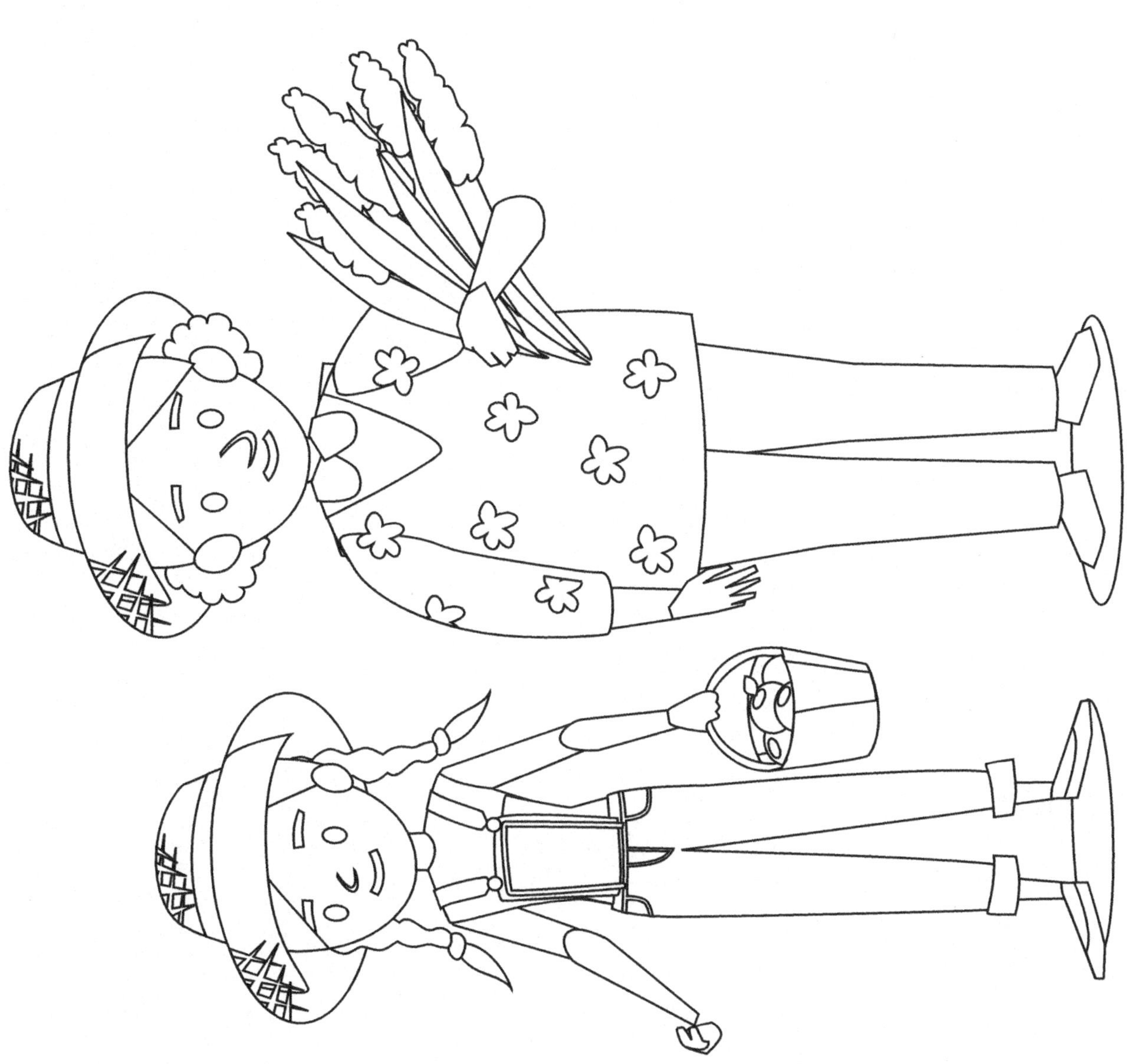

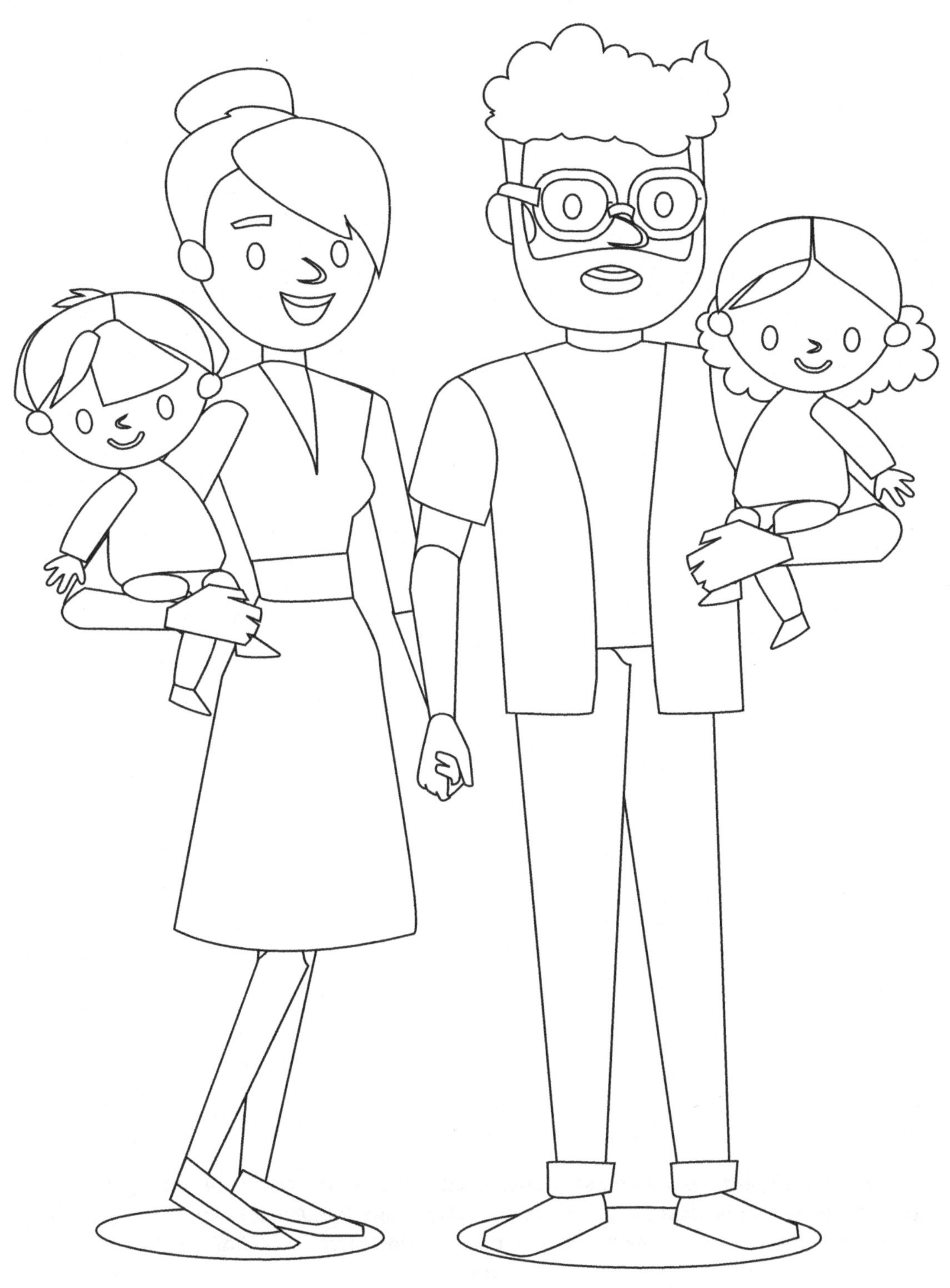

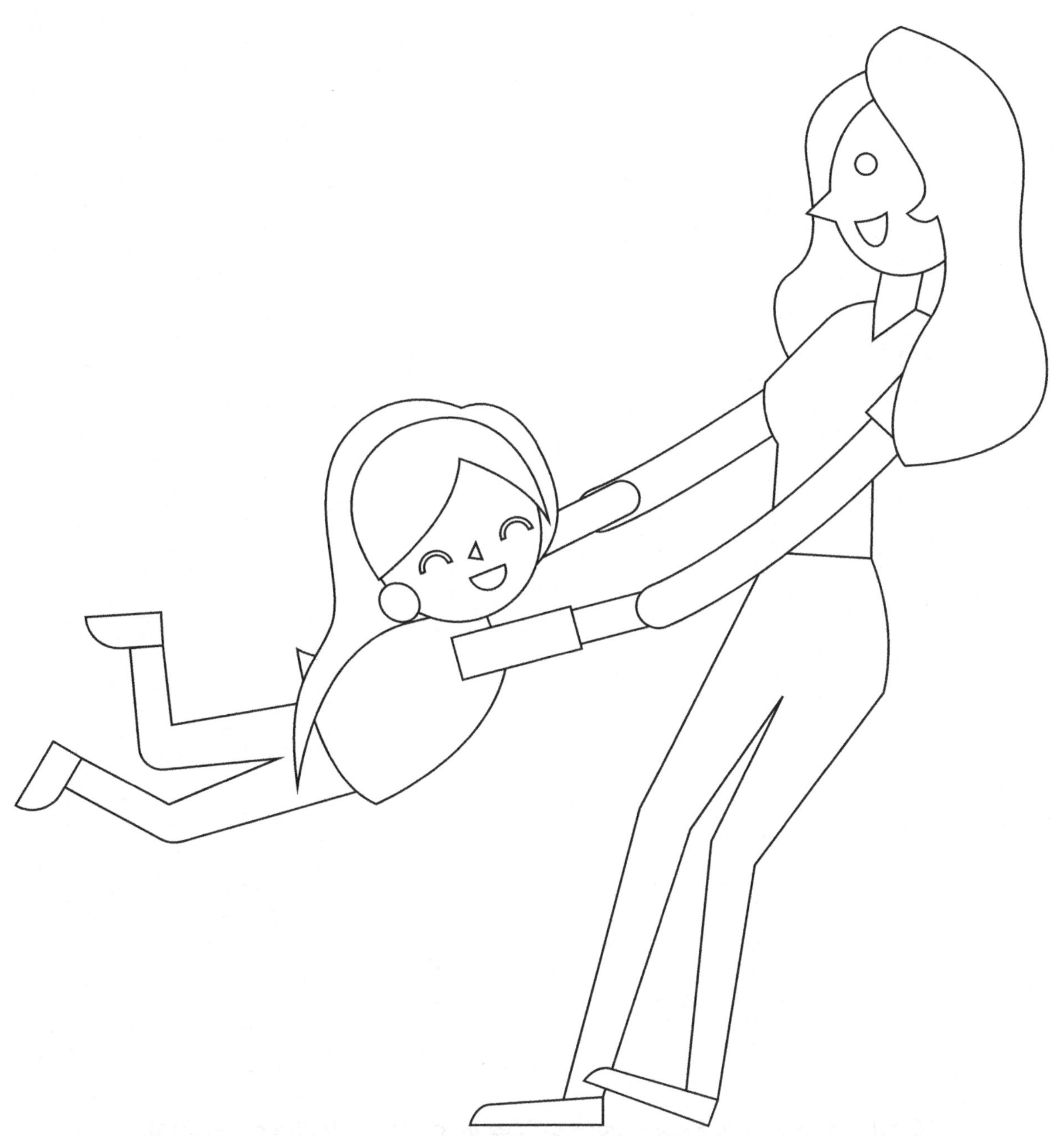

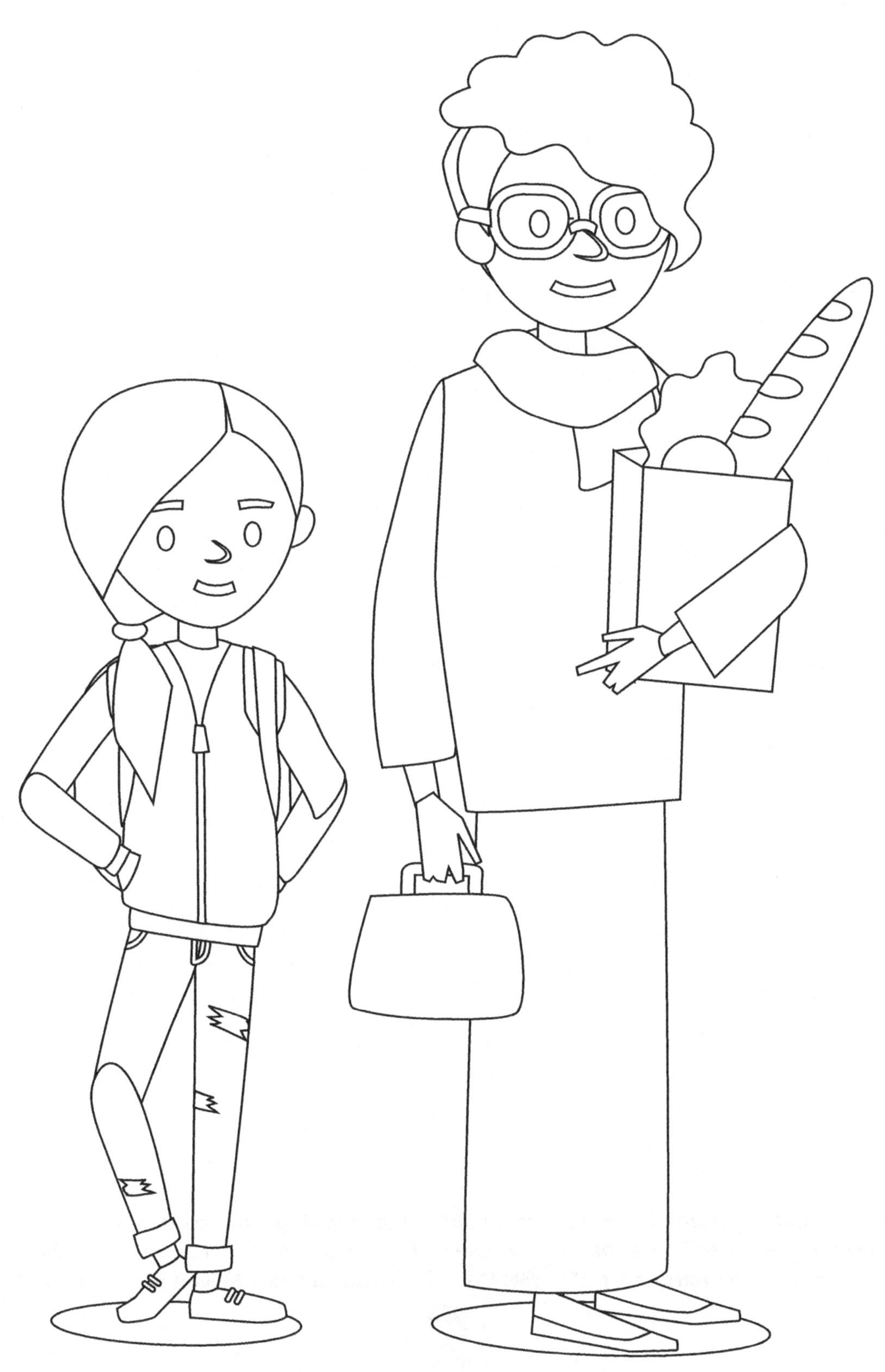

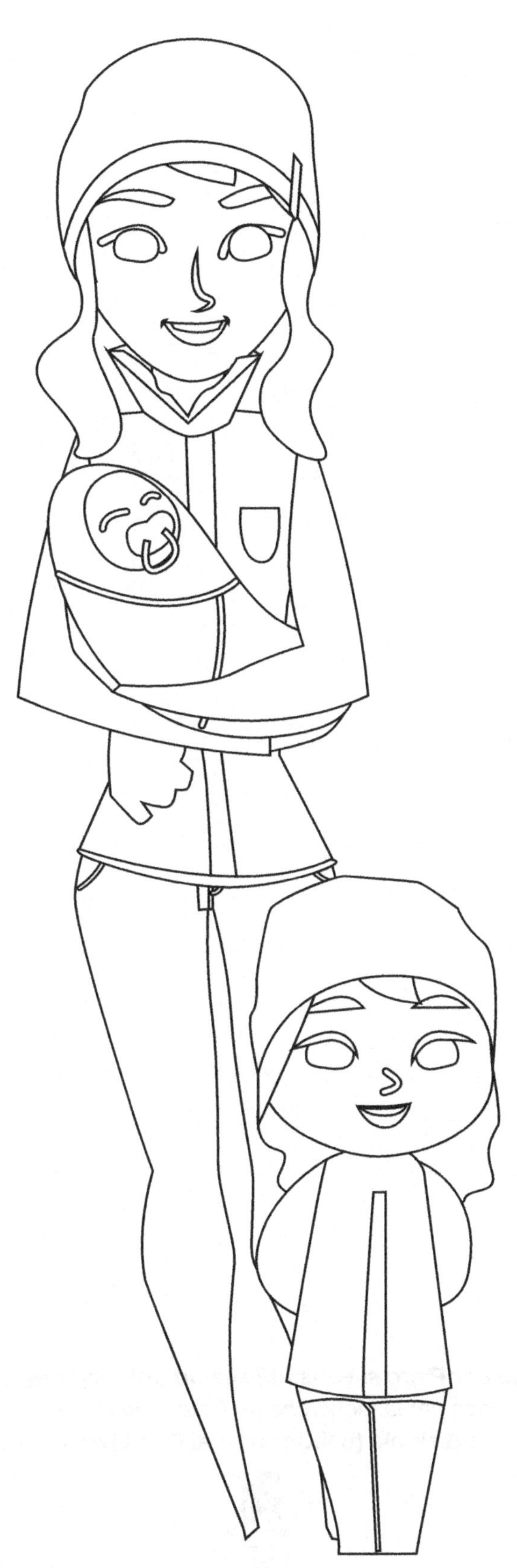

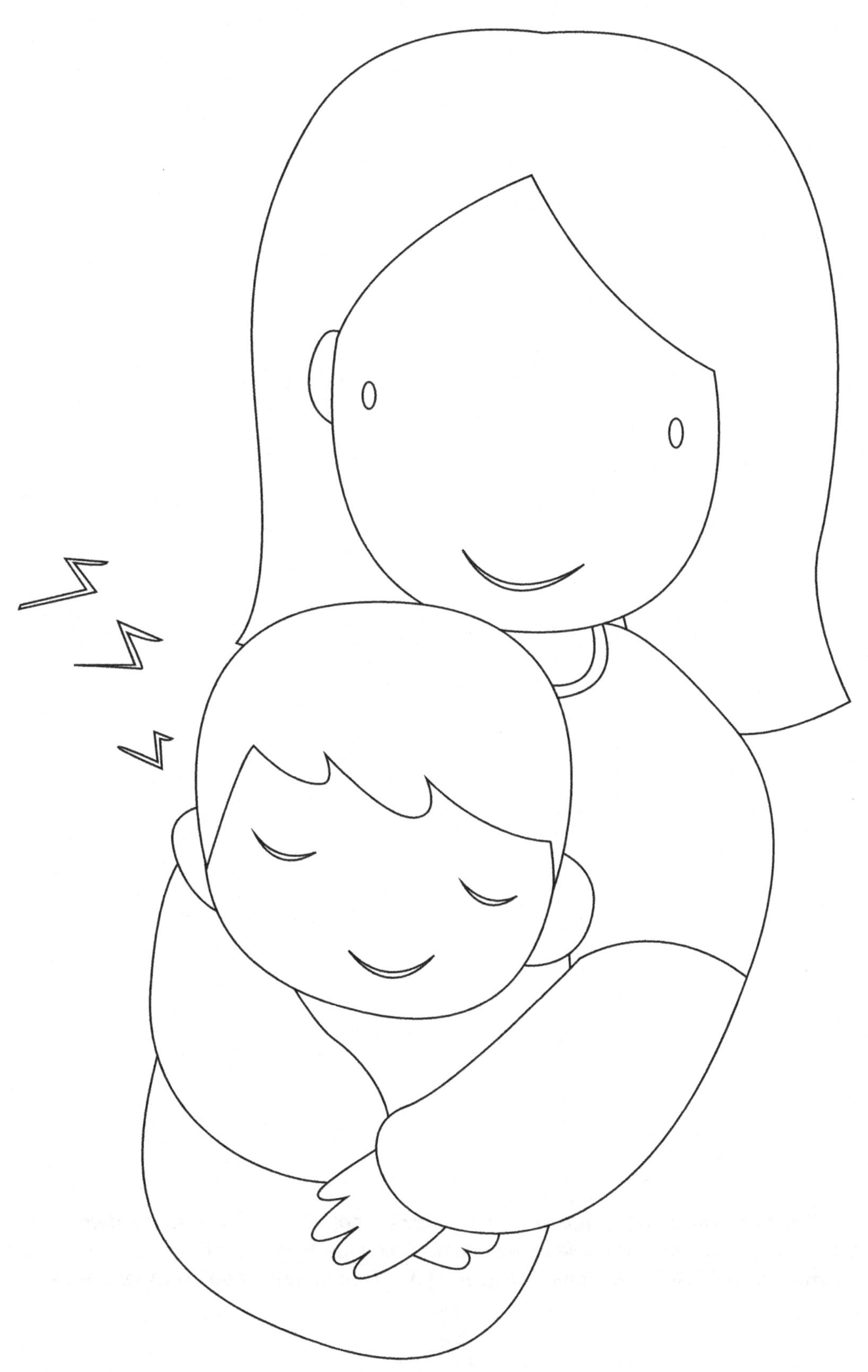

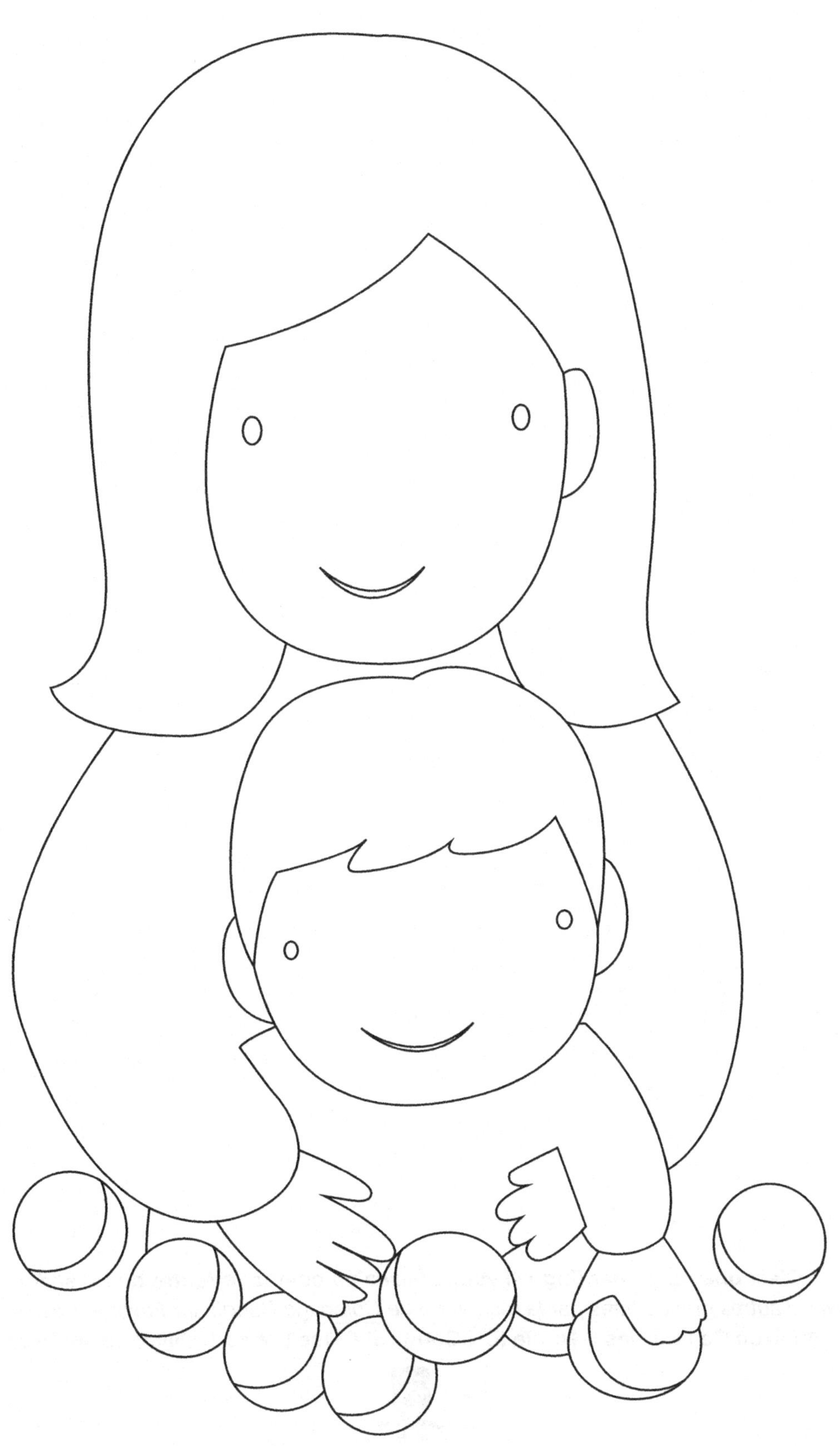

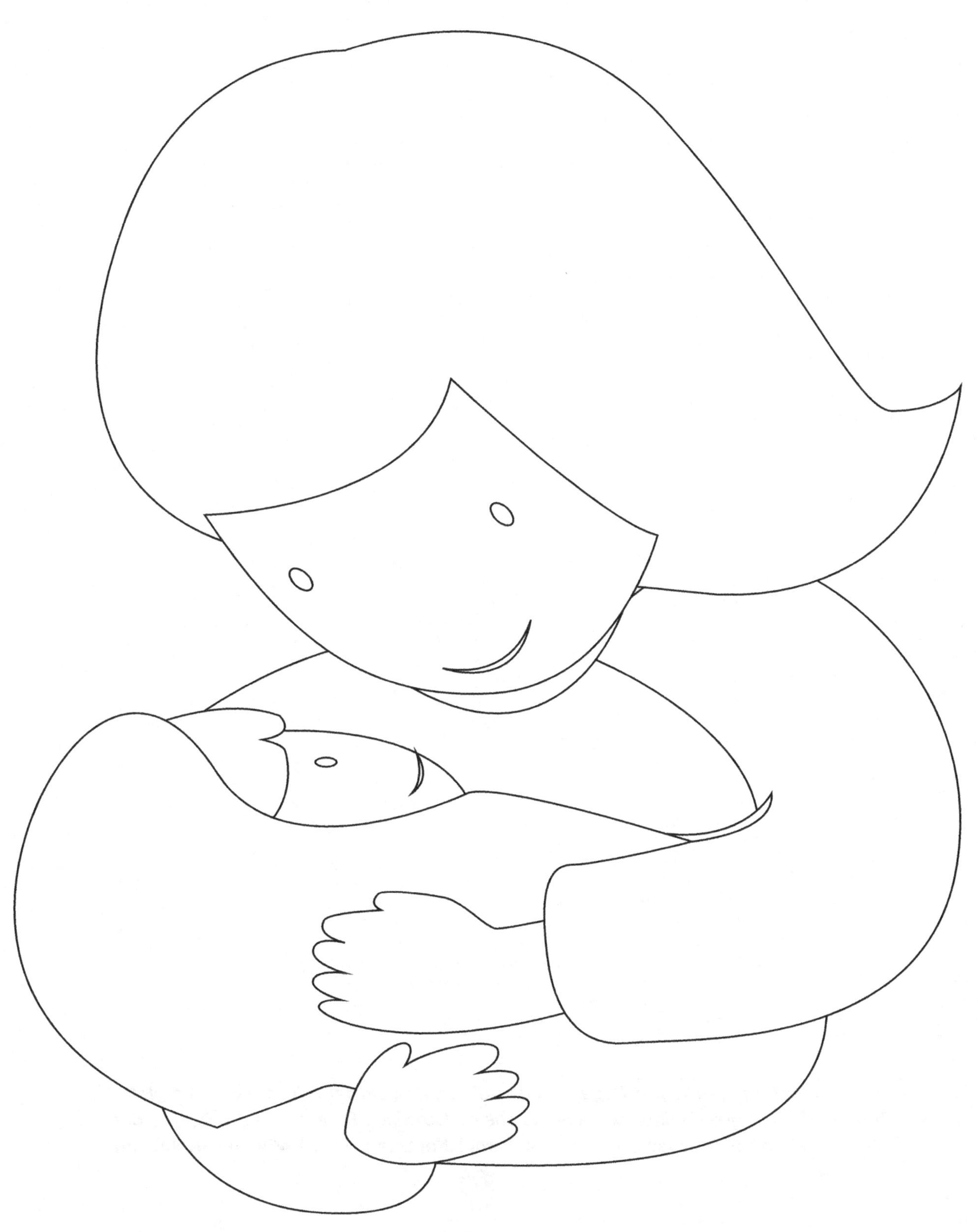

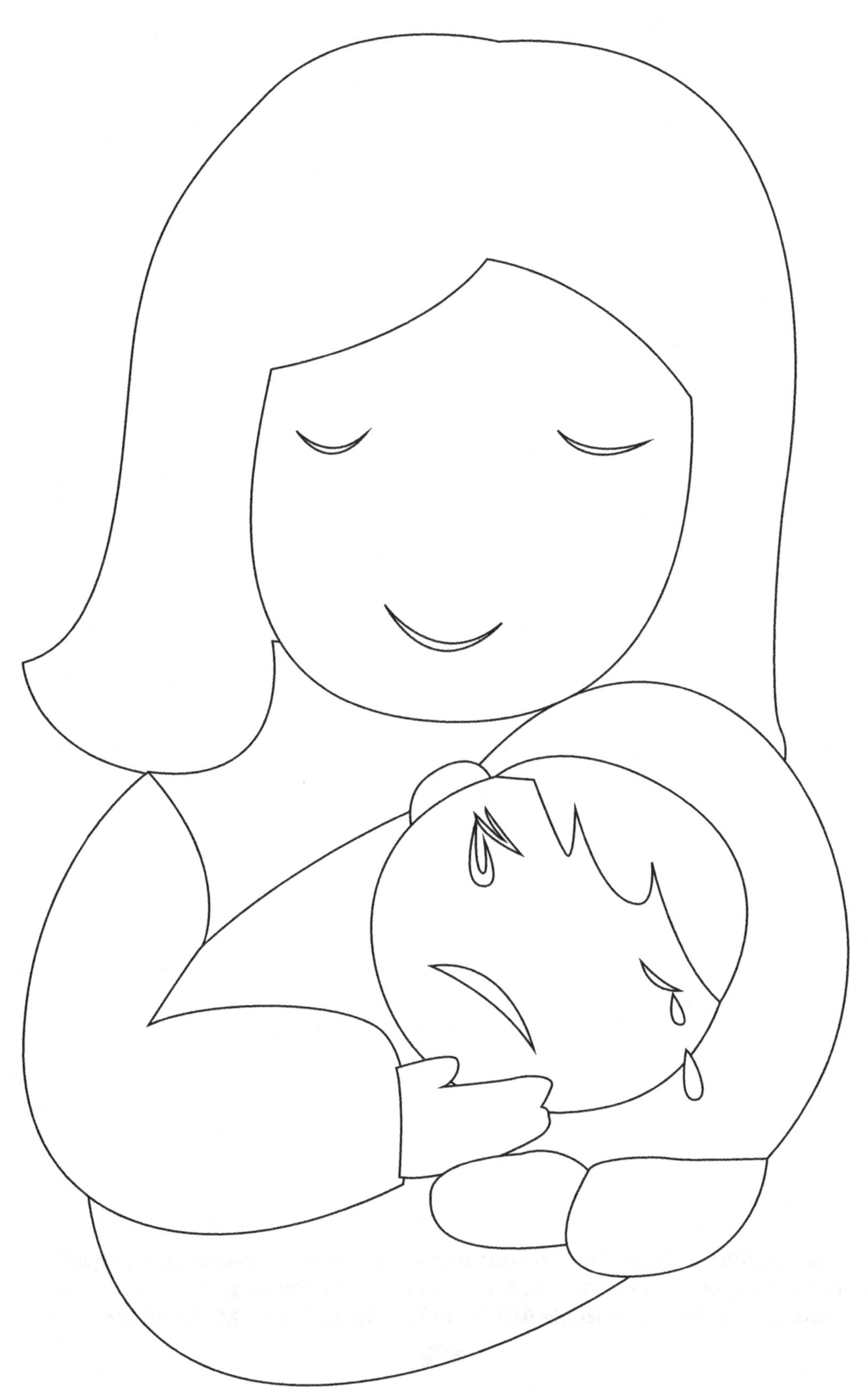

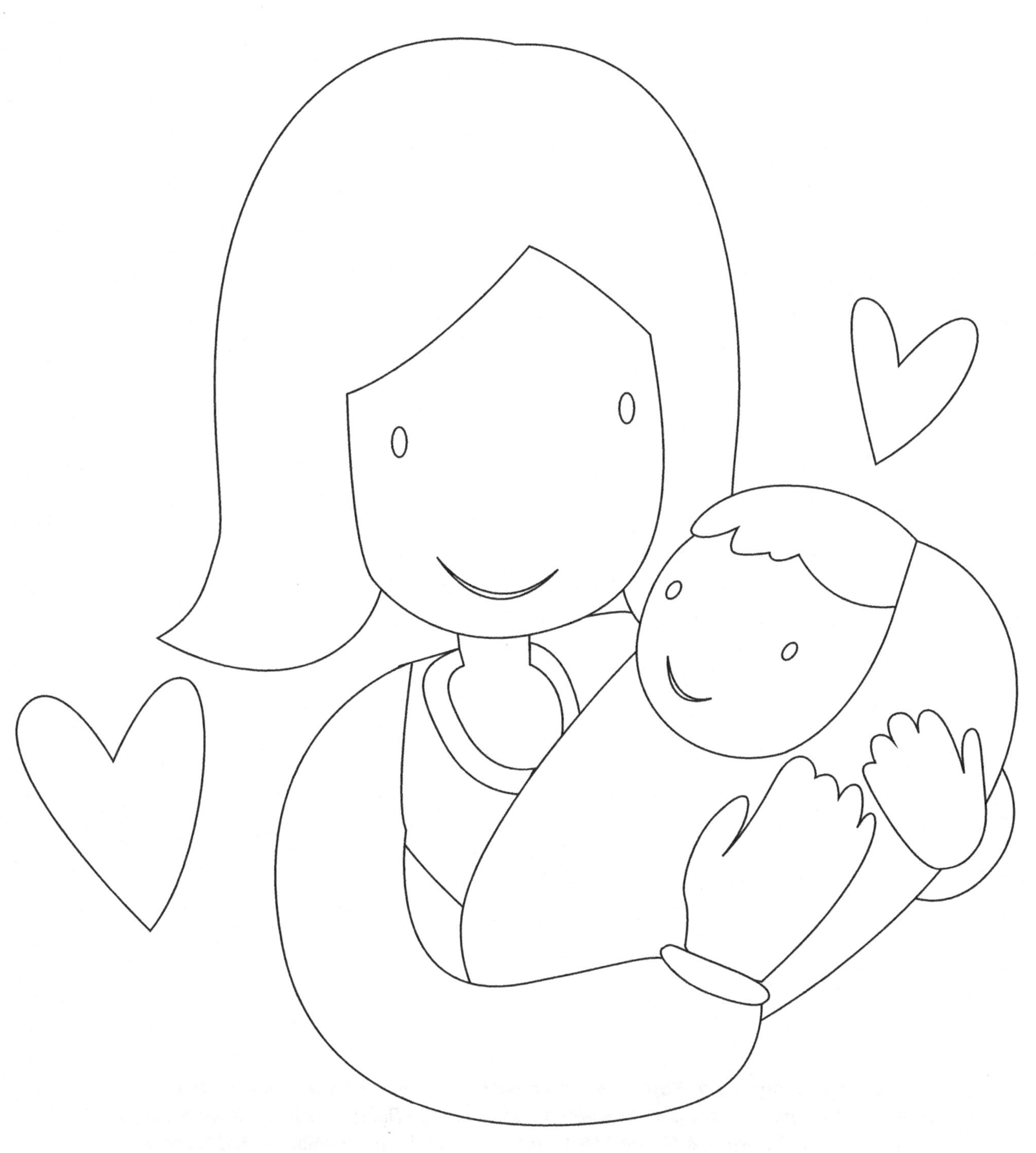

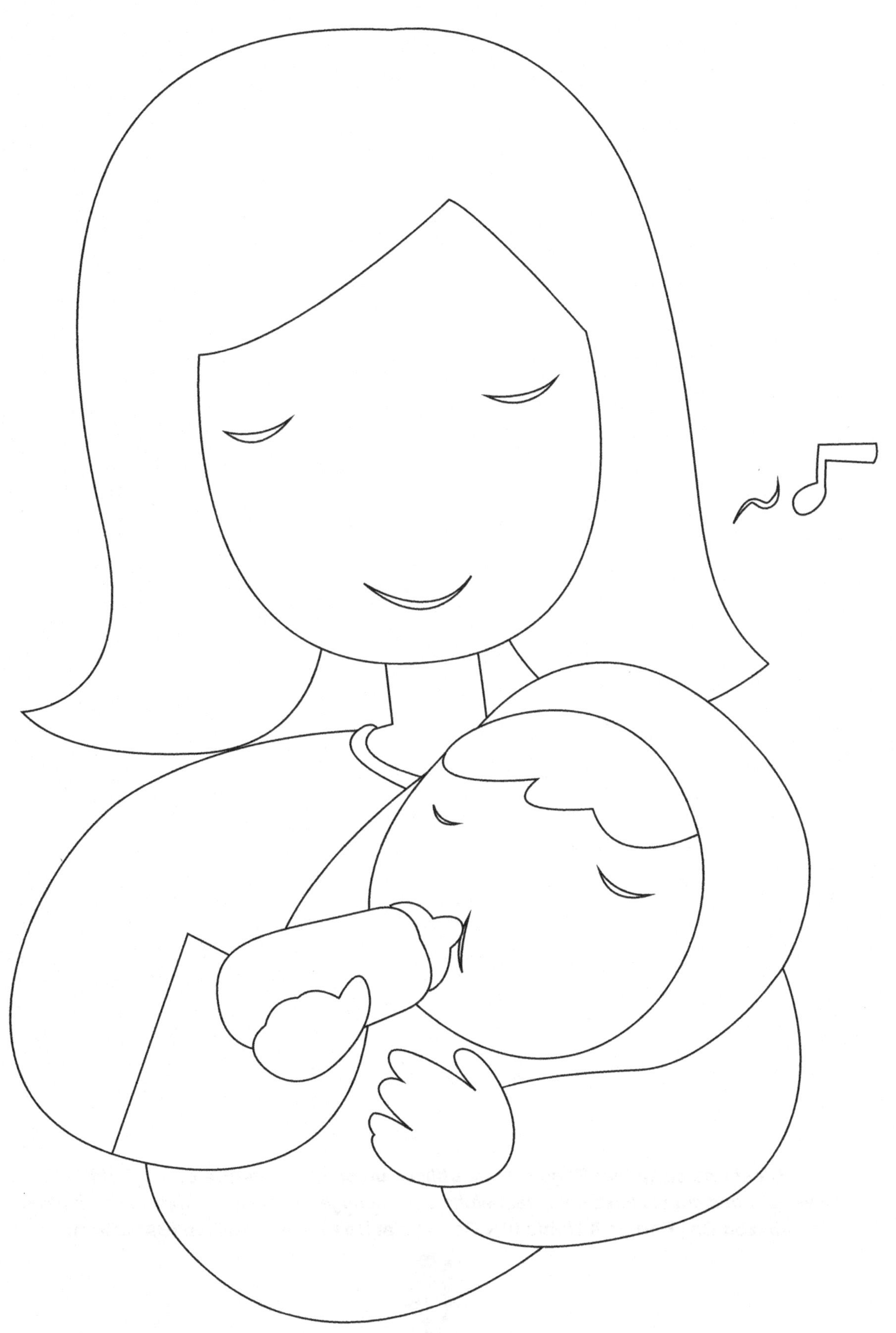

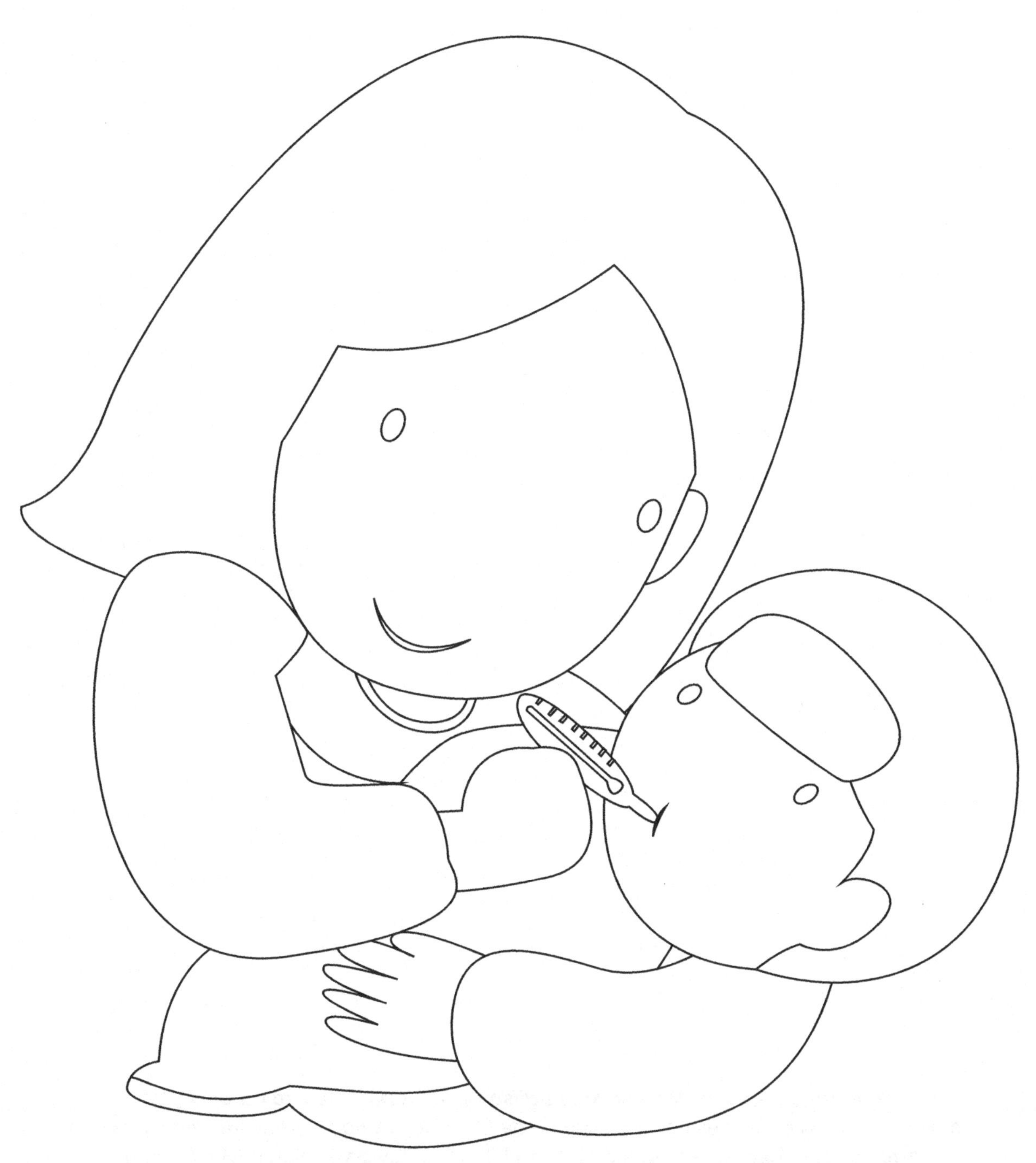

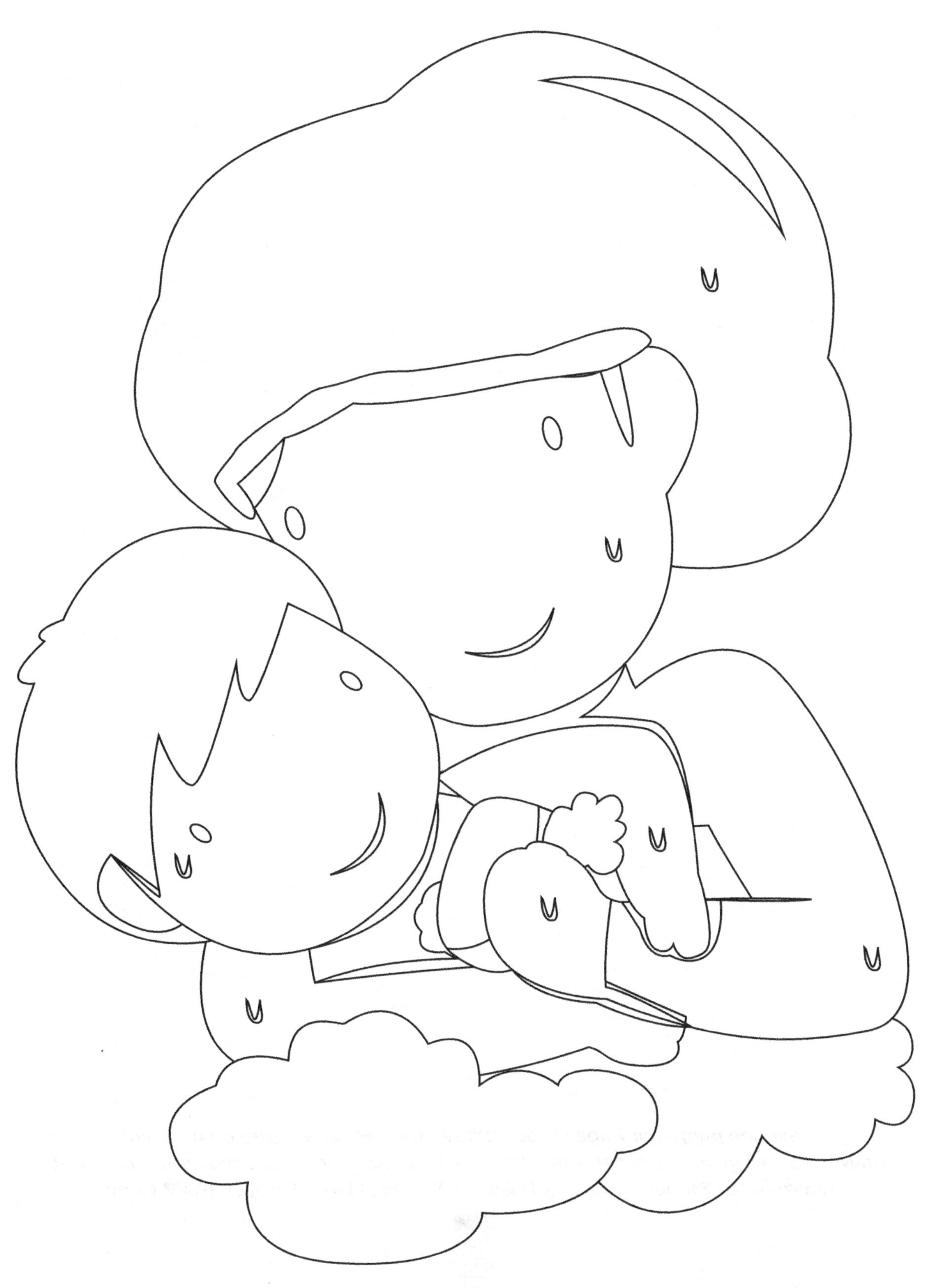

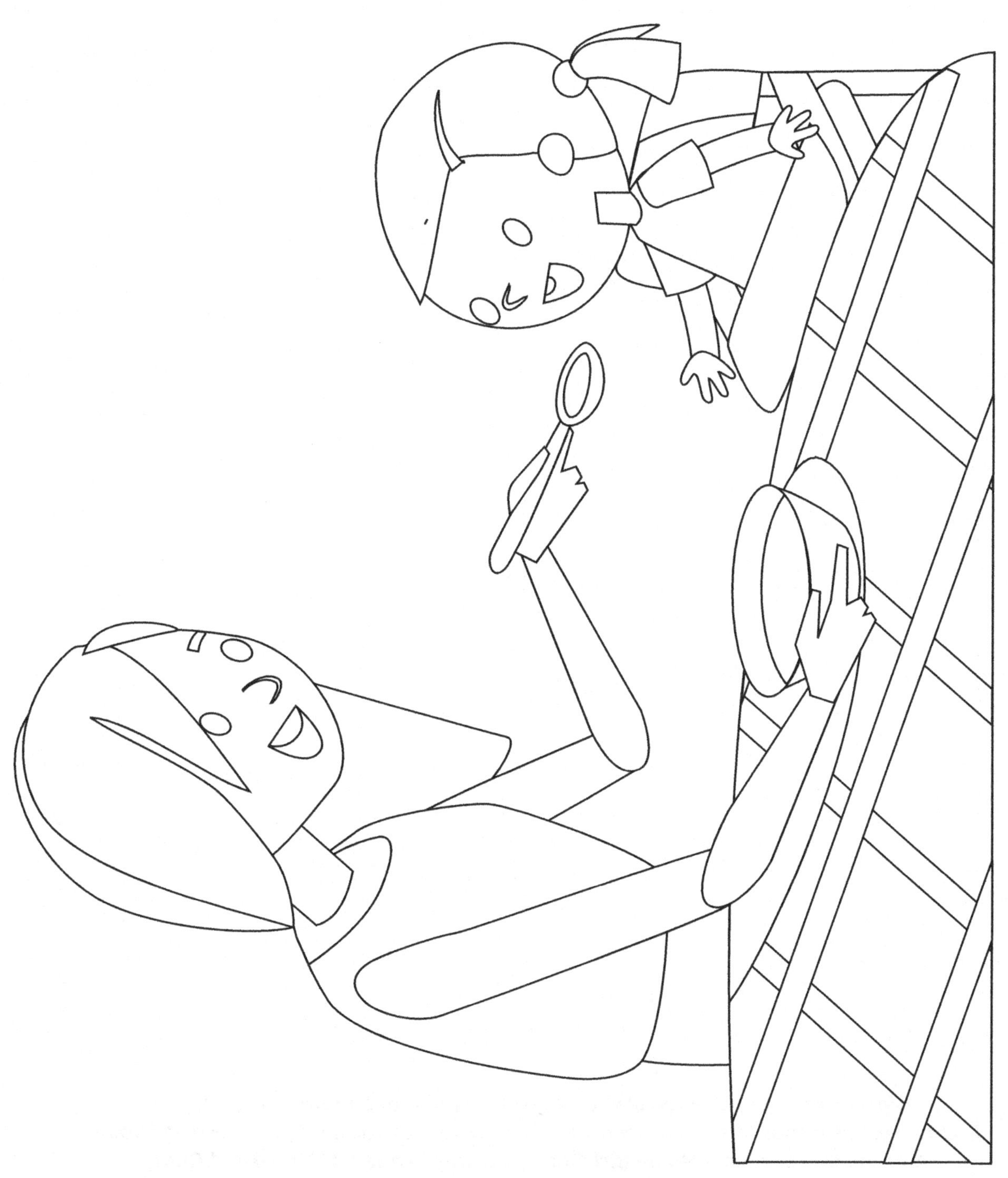

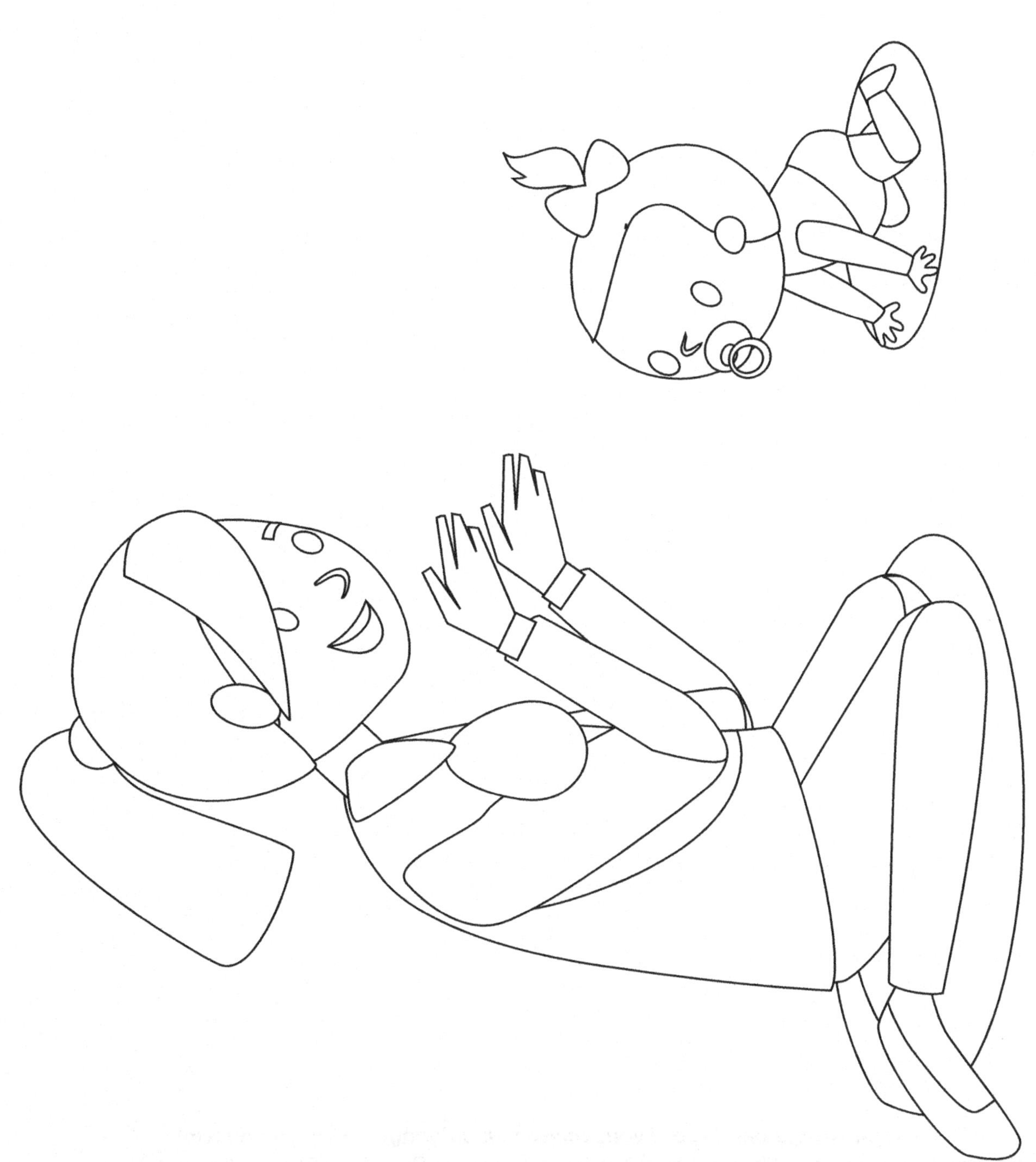

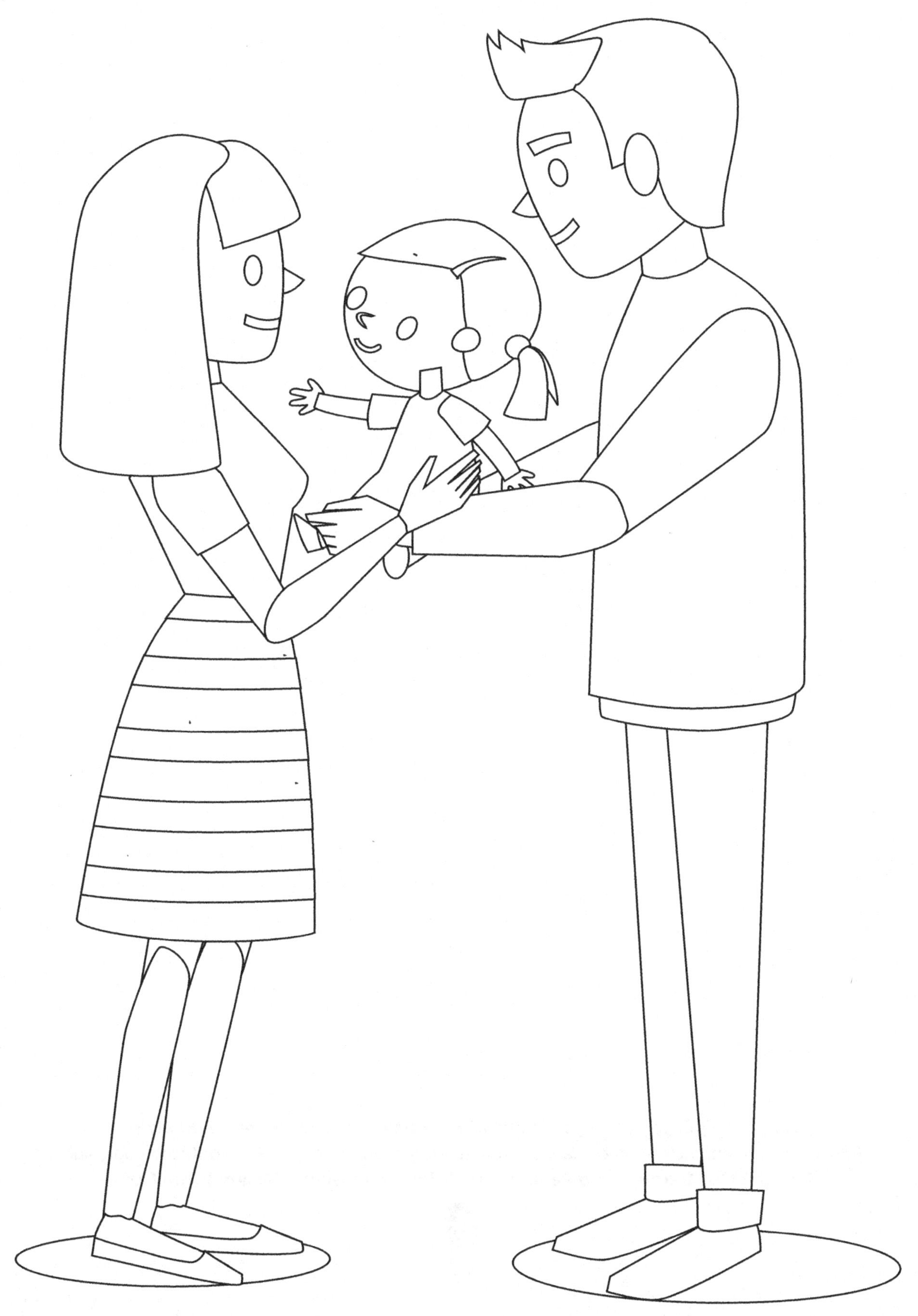

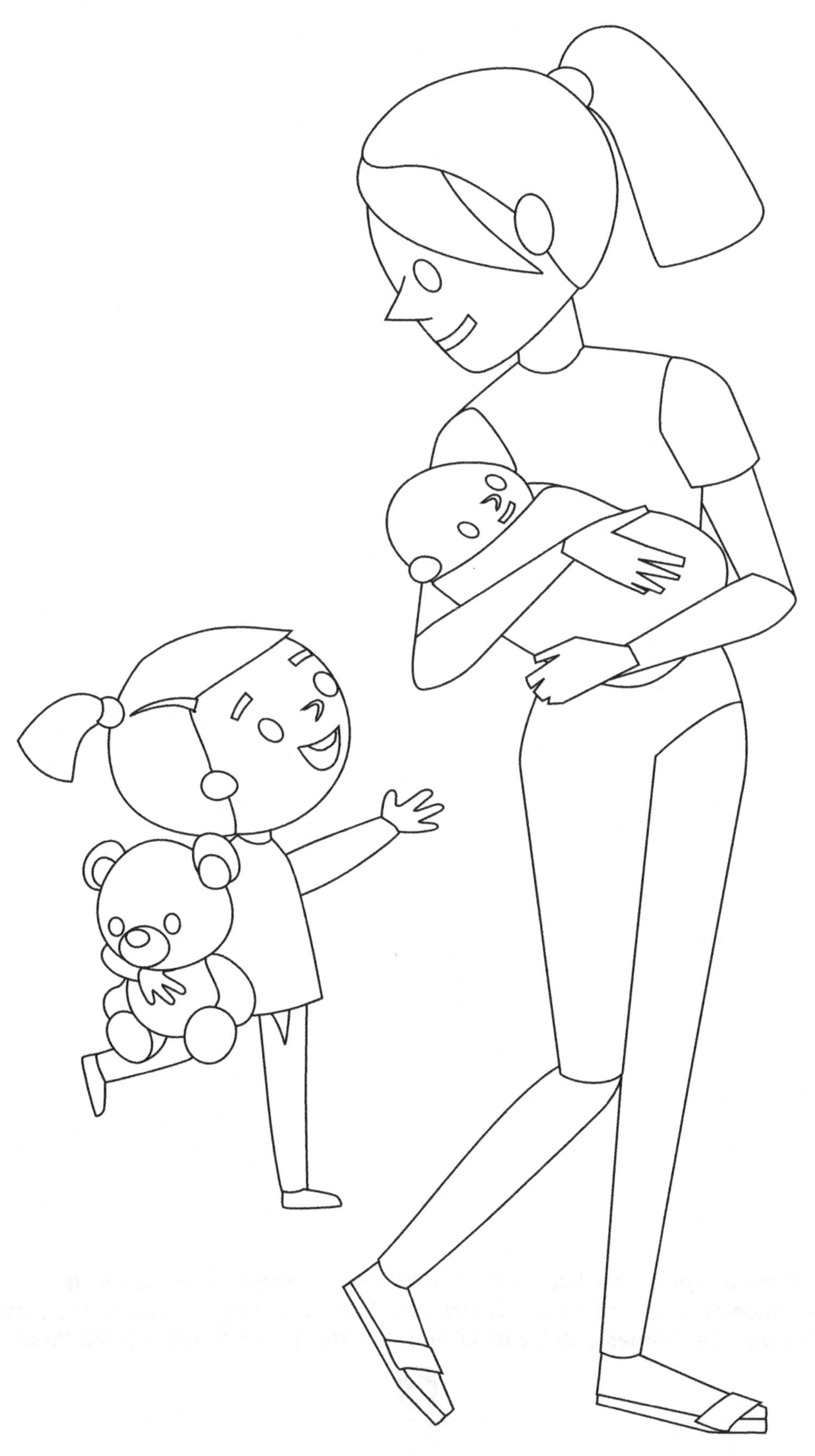

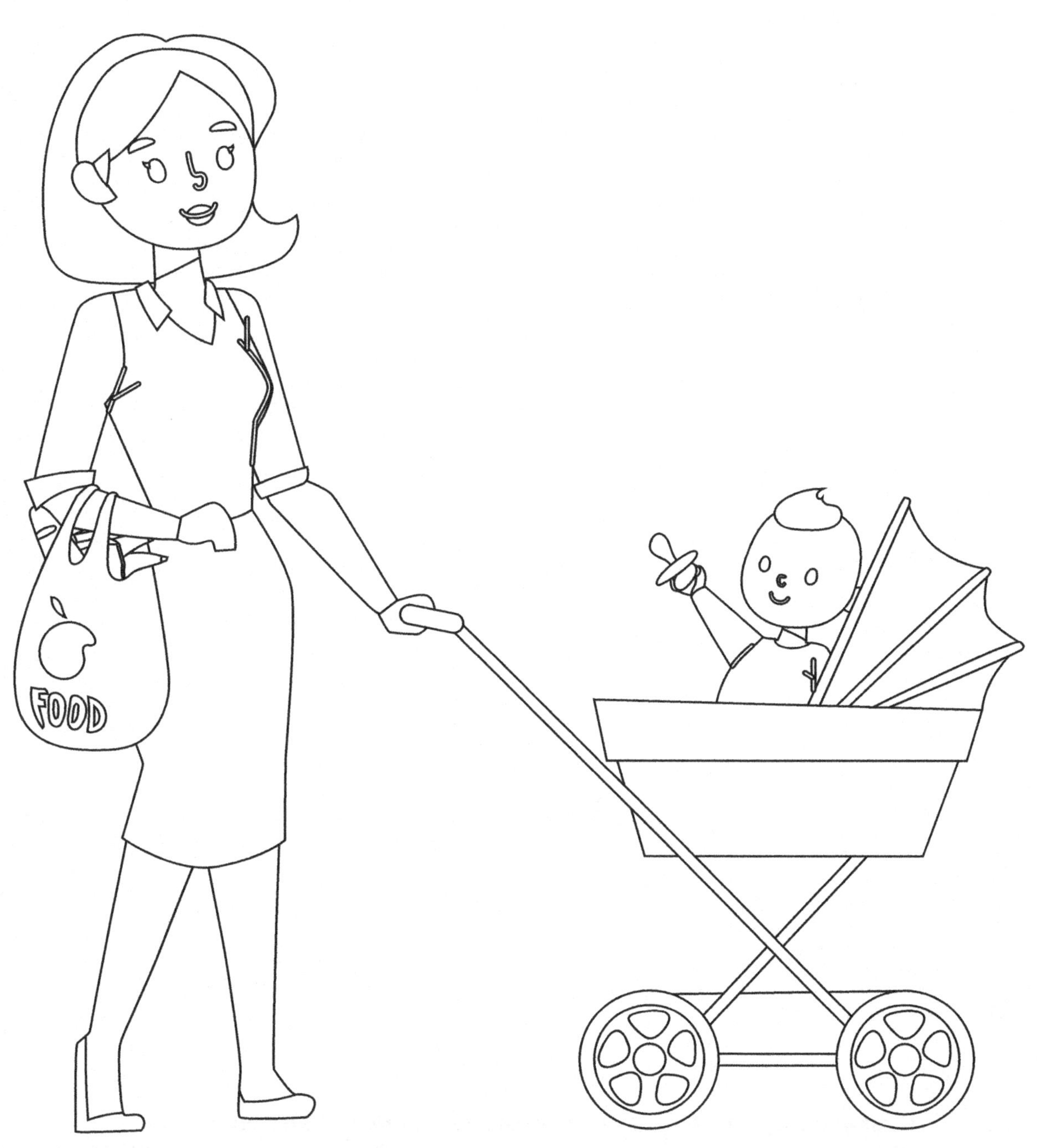

FOOD

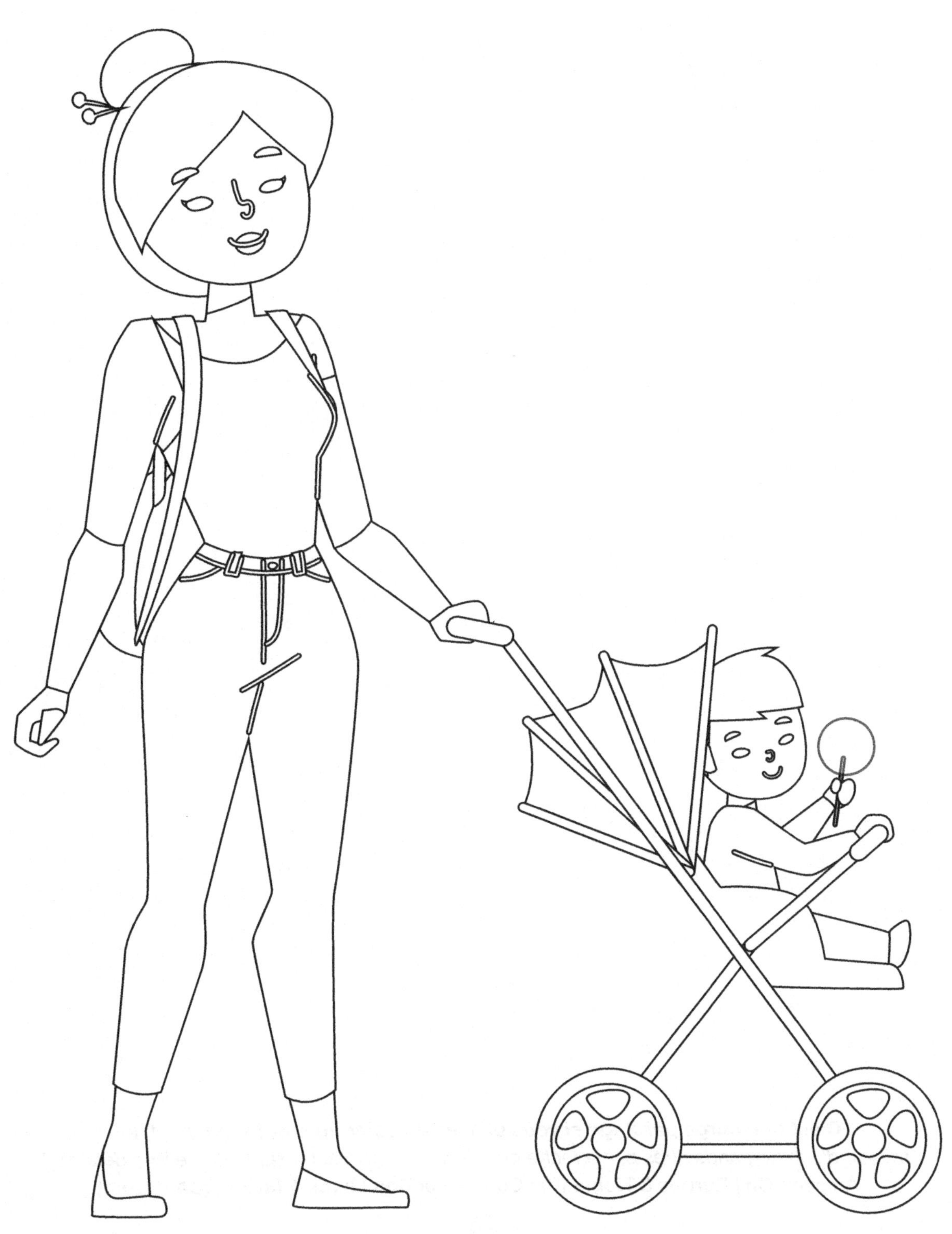

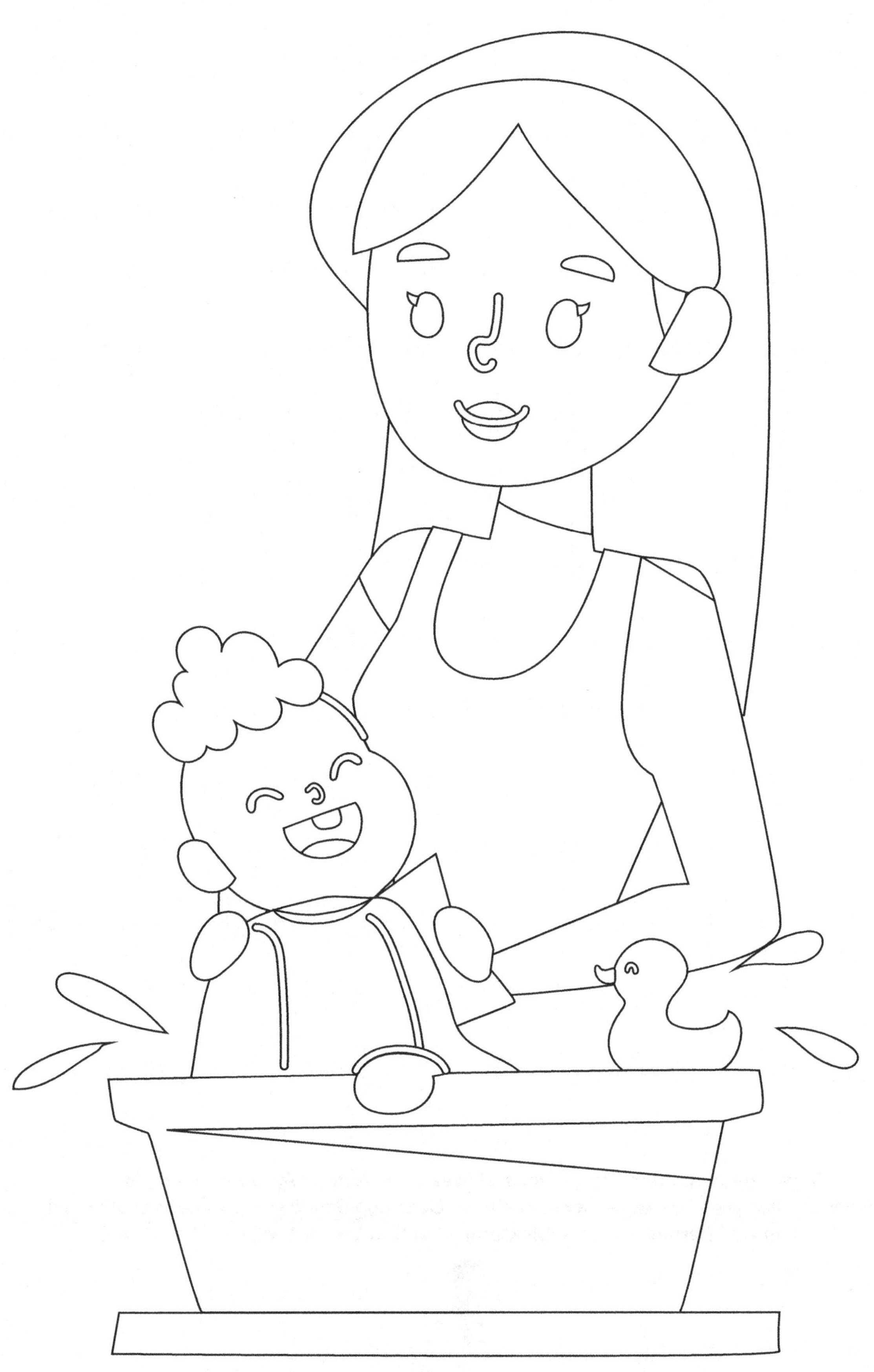

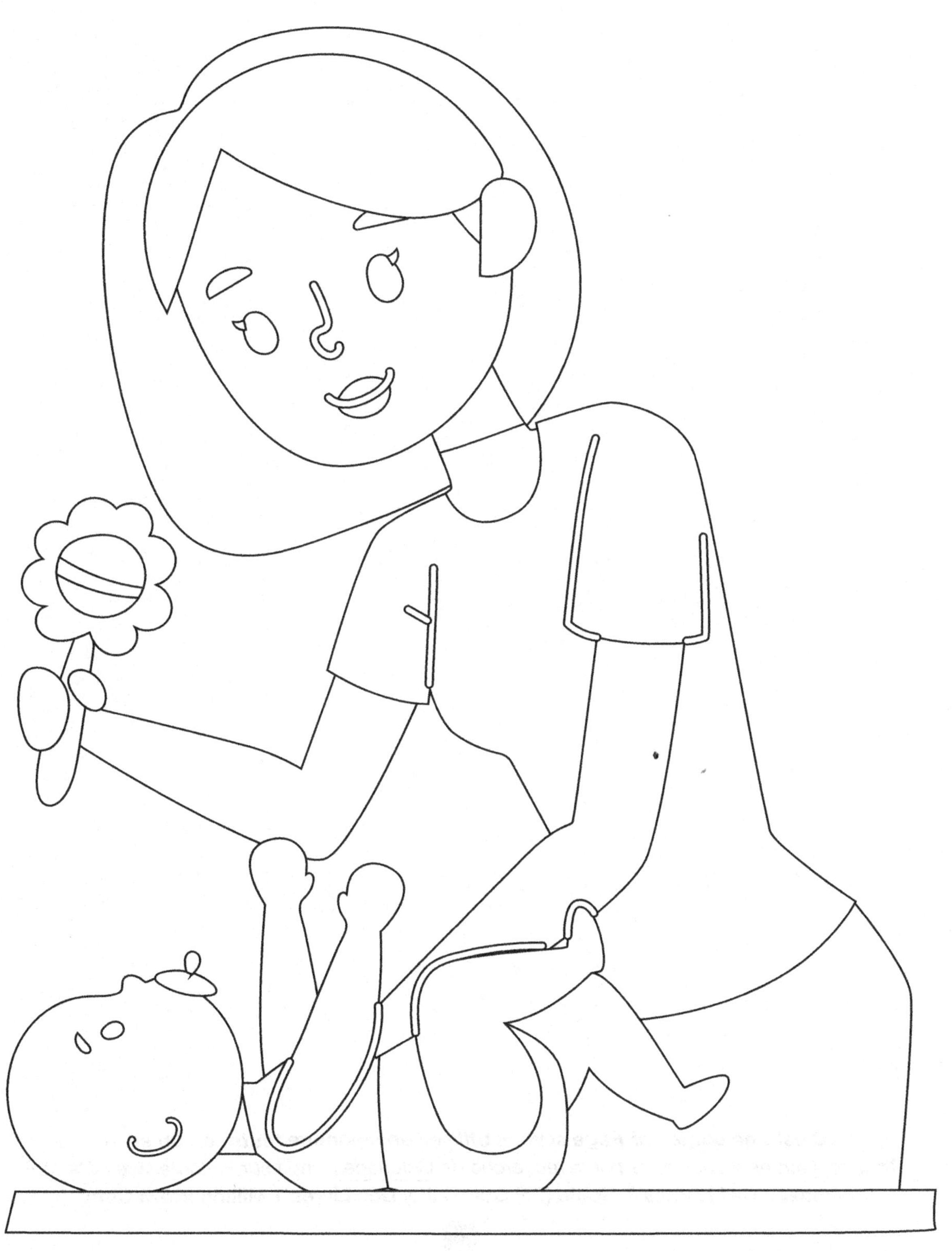

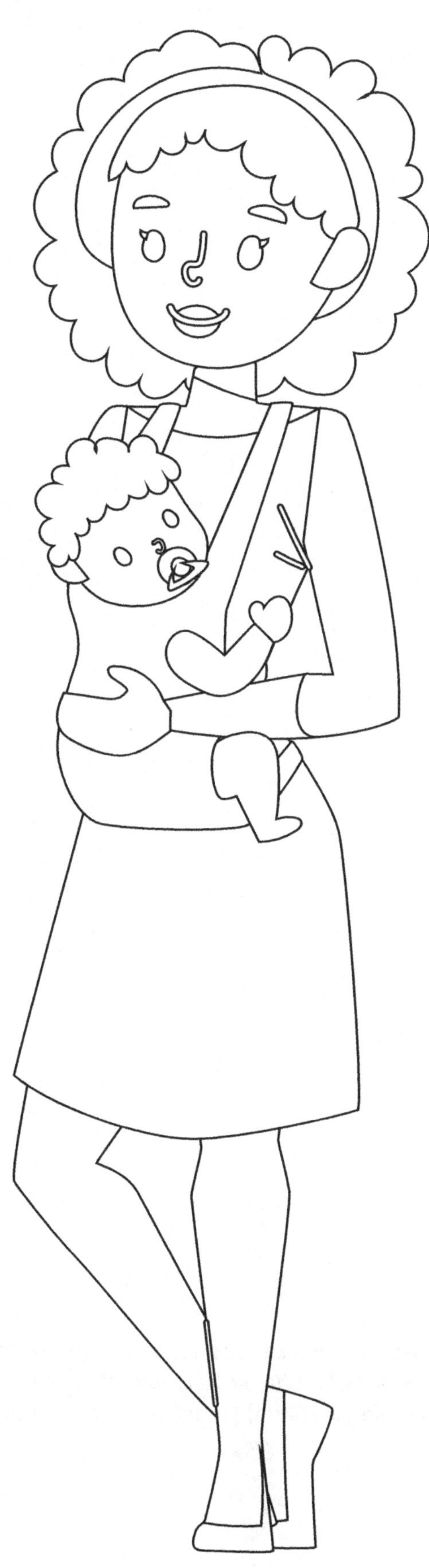

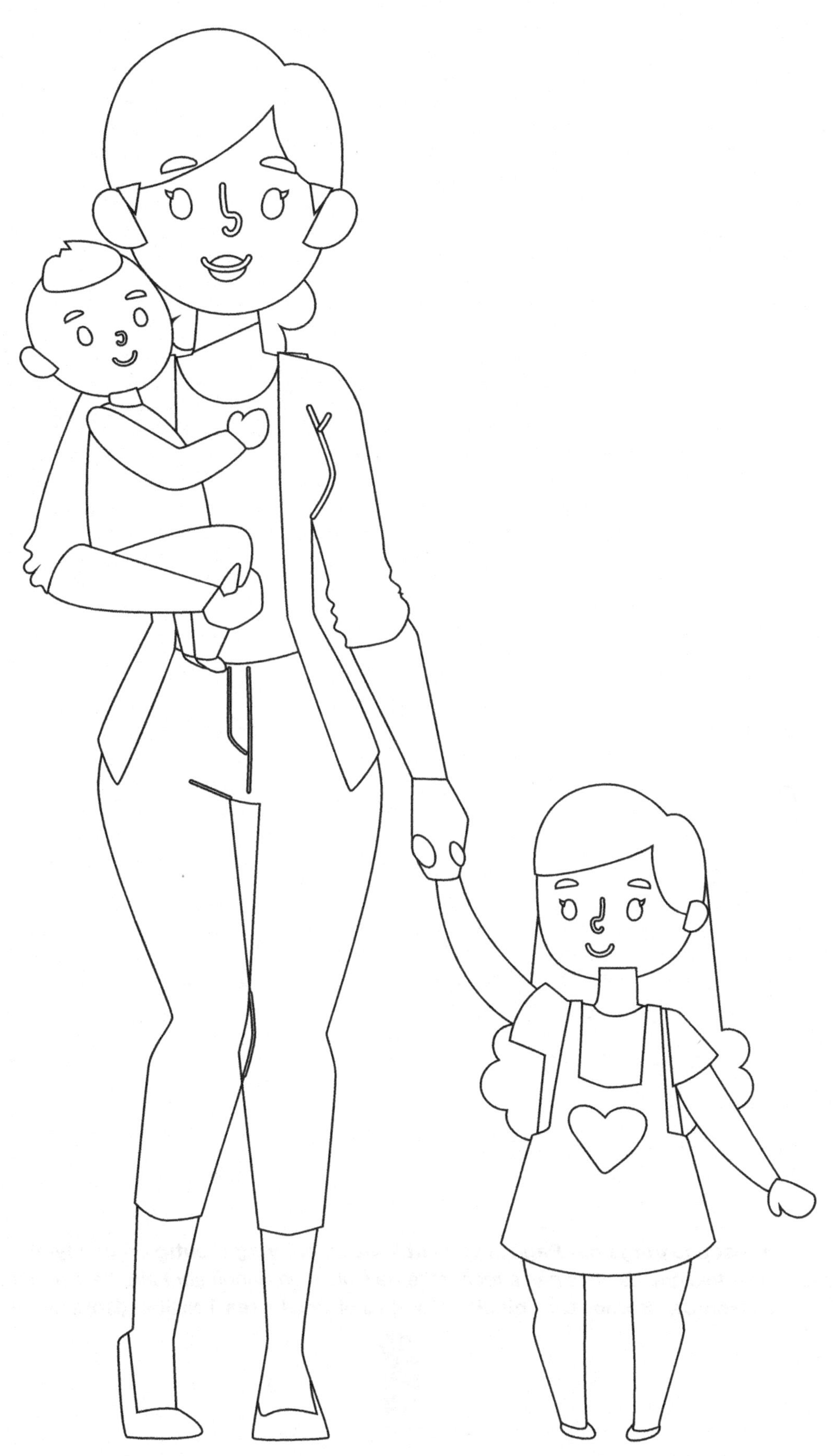

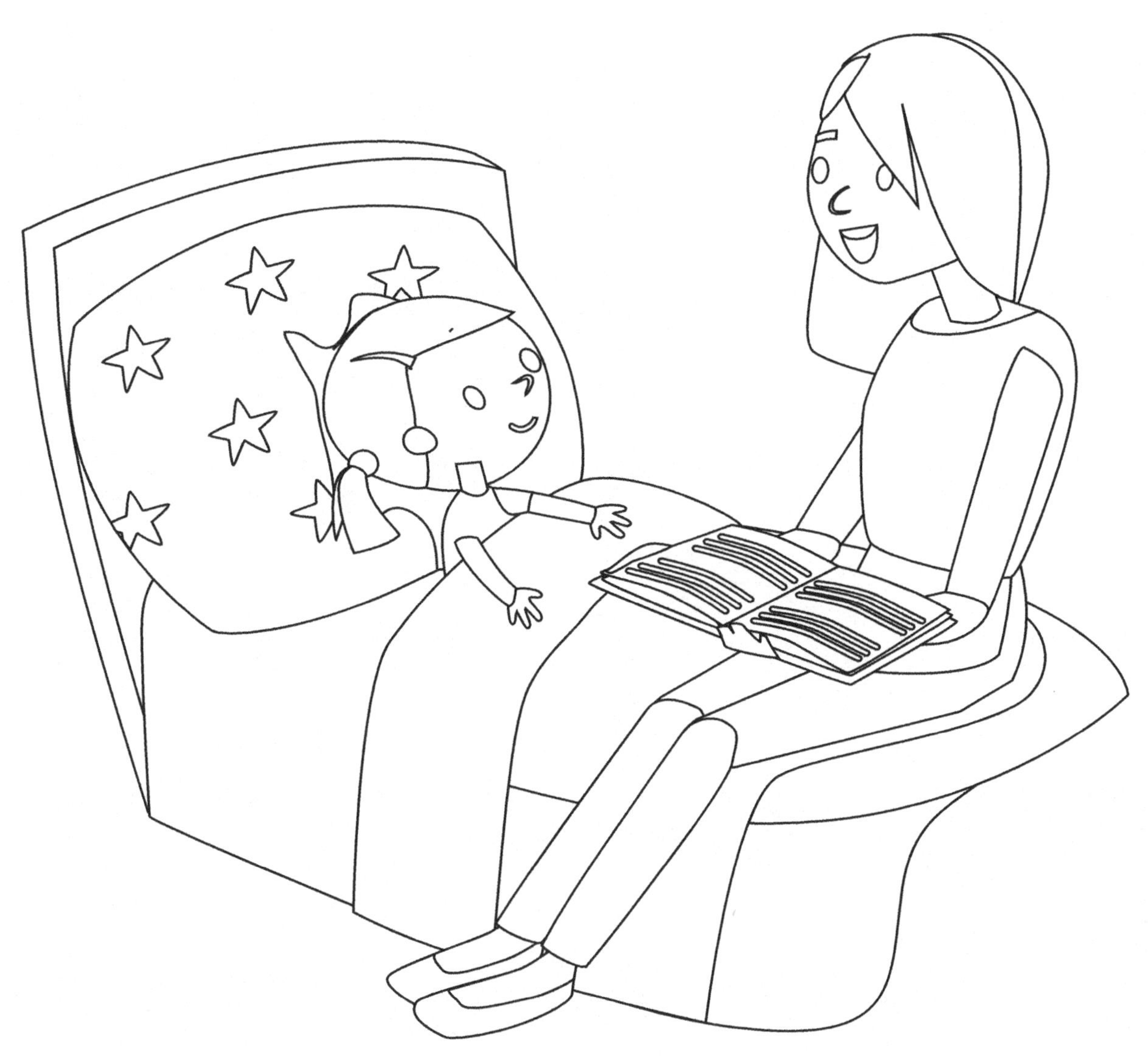

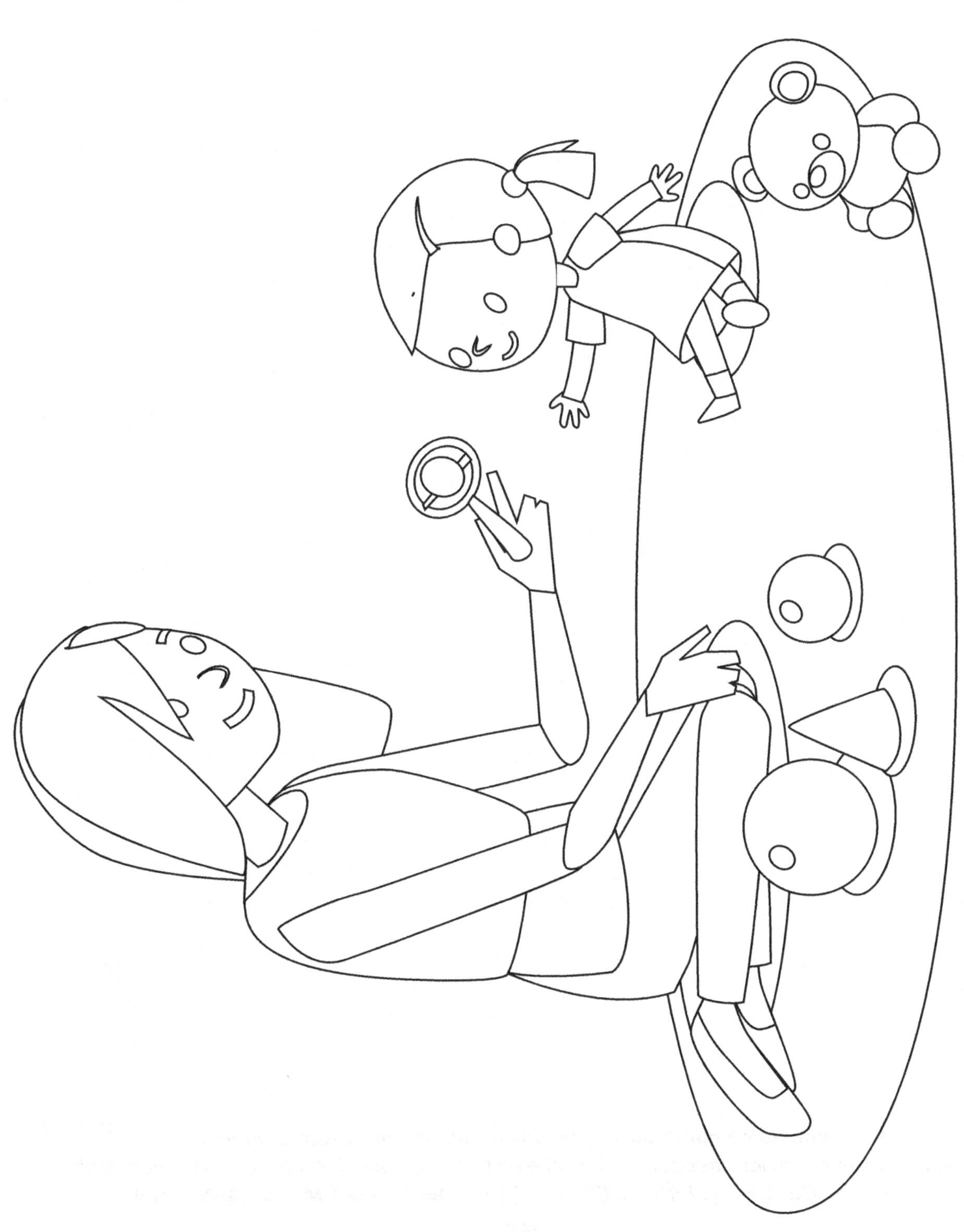

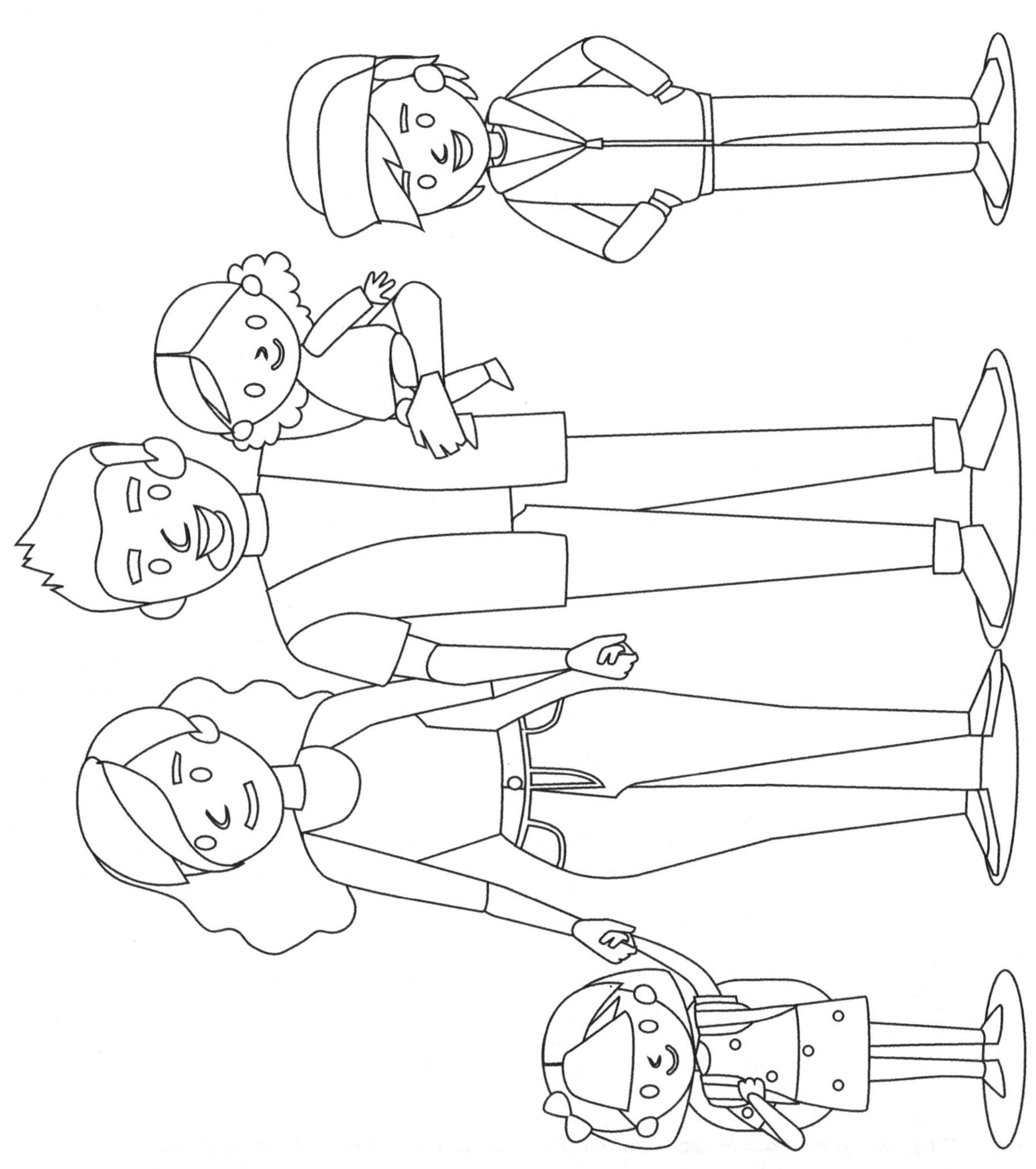

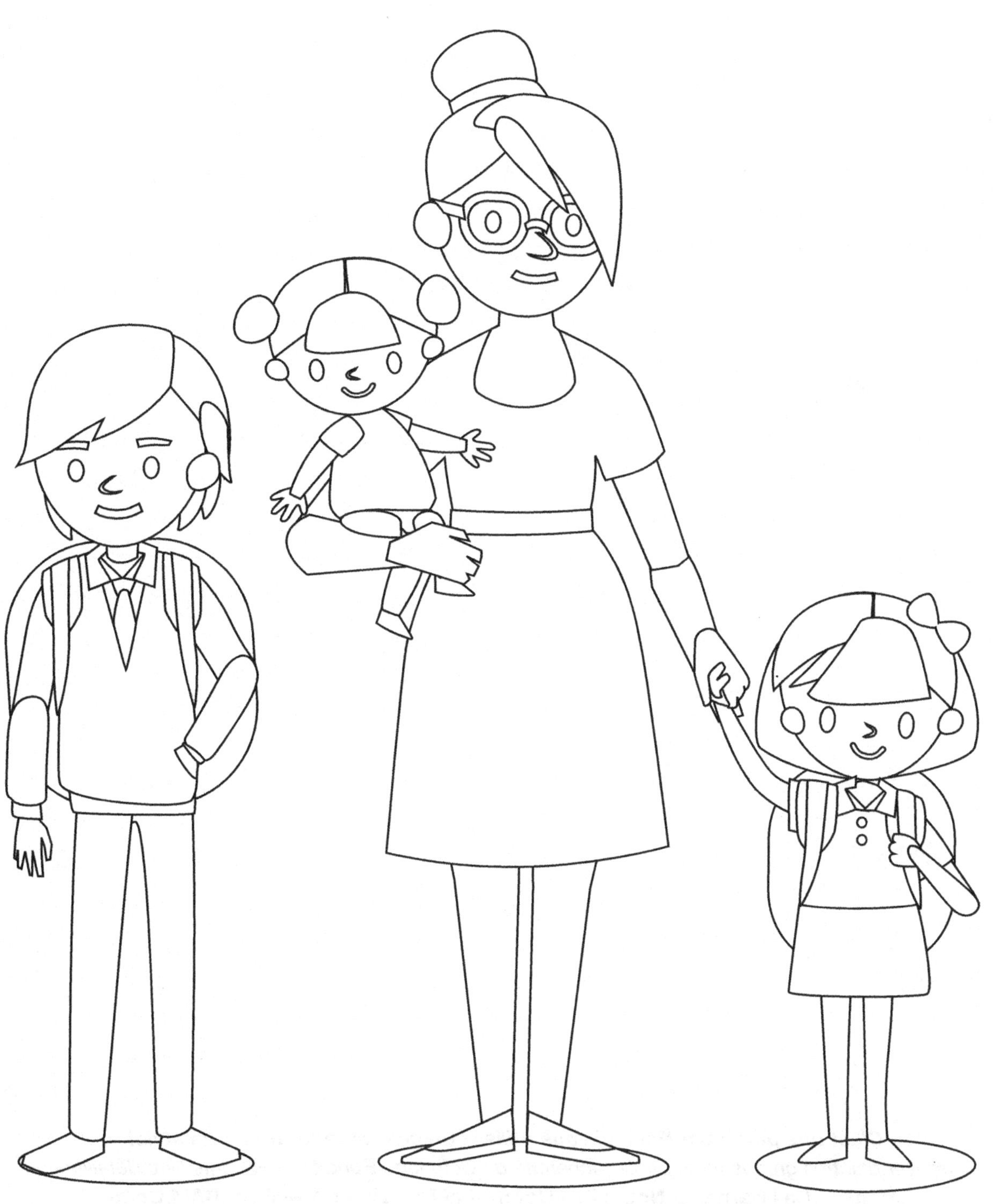

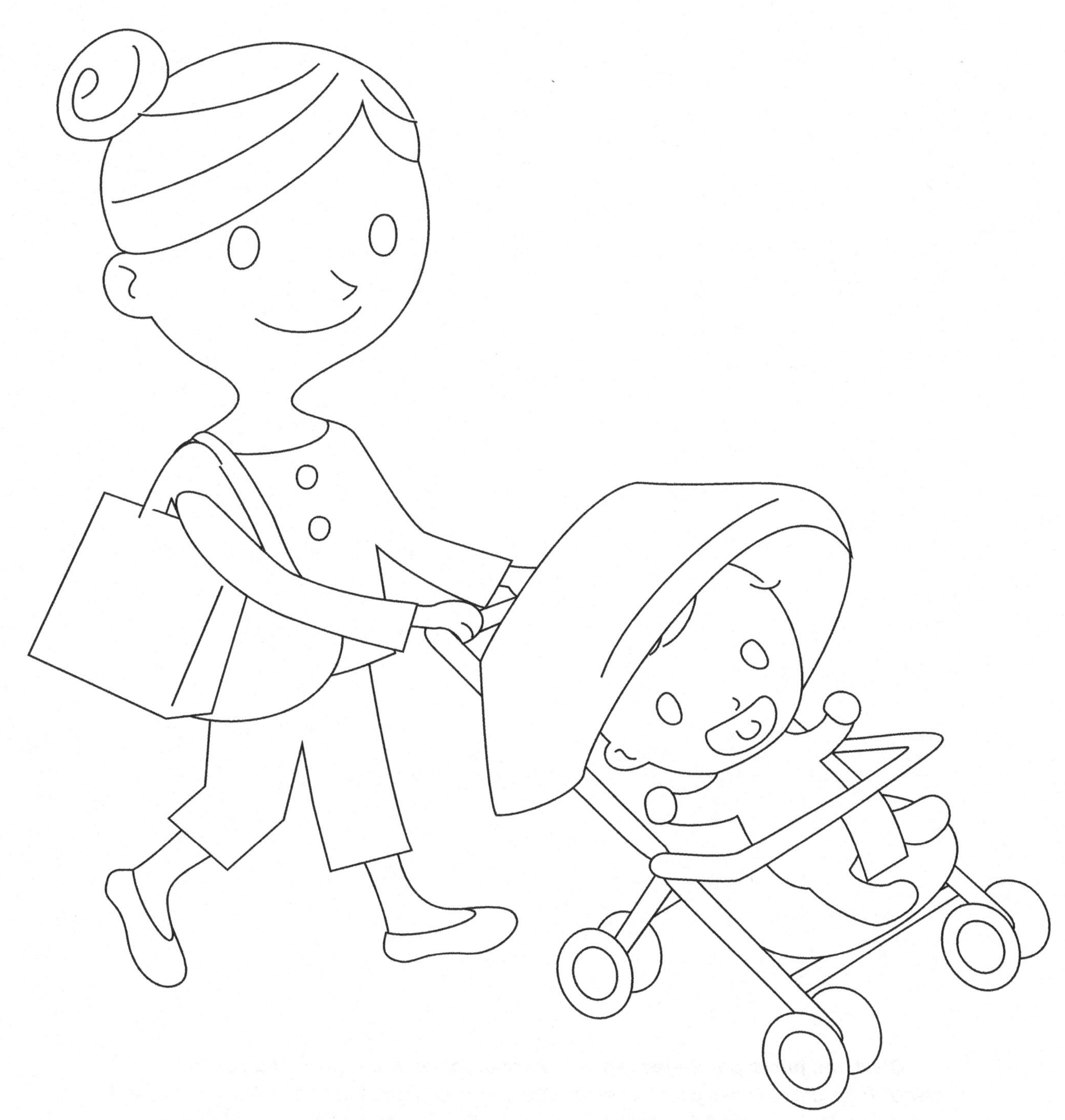

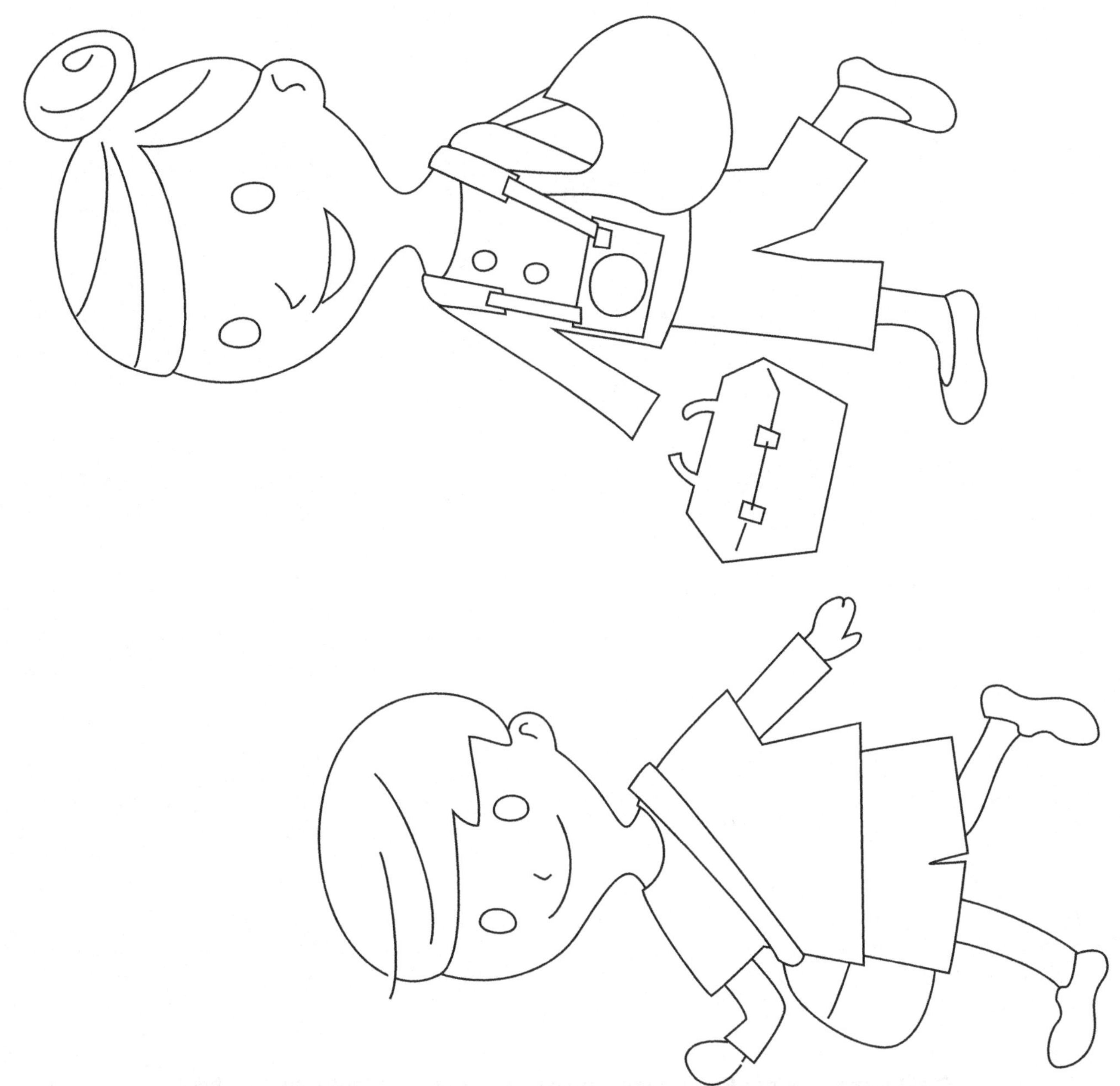

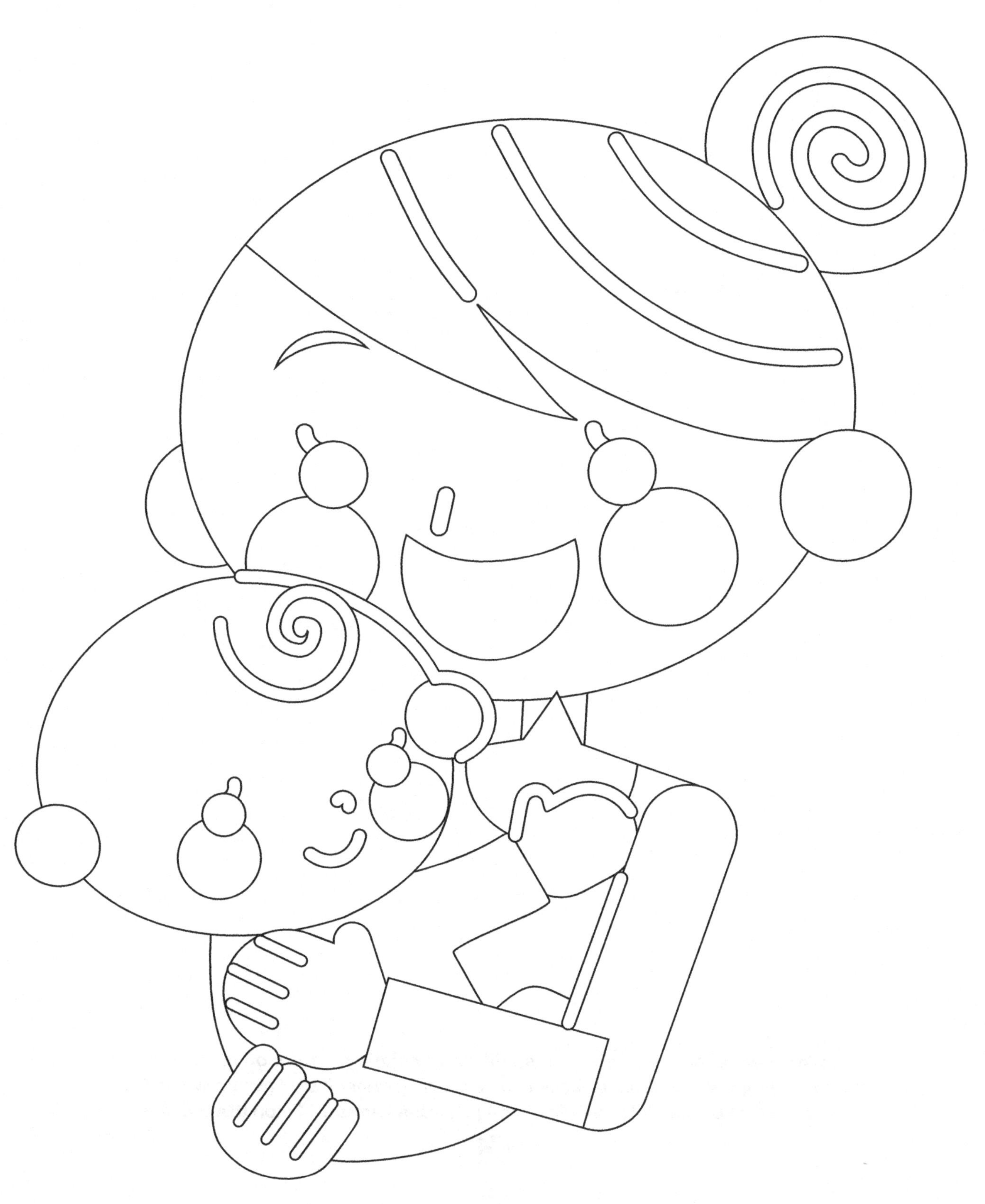

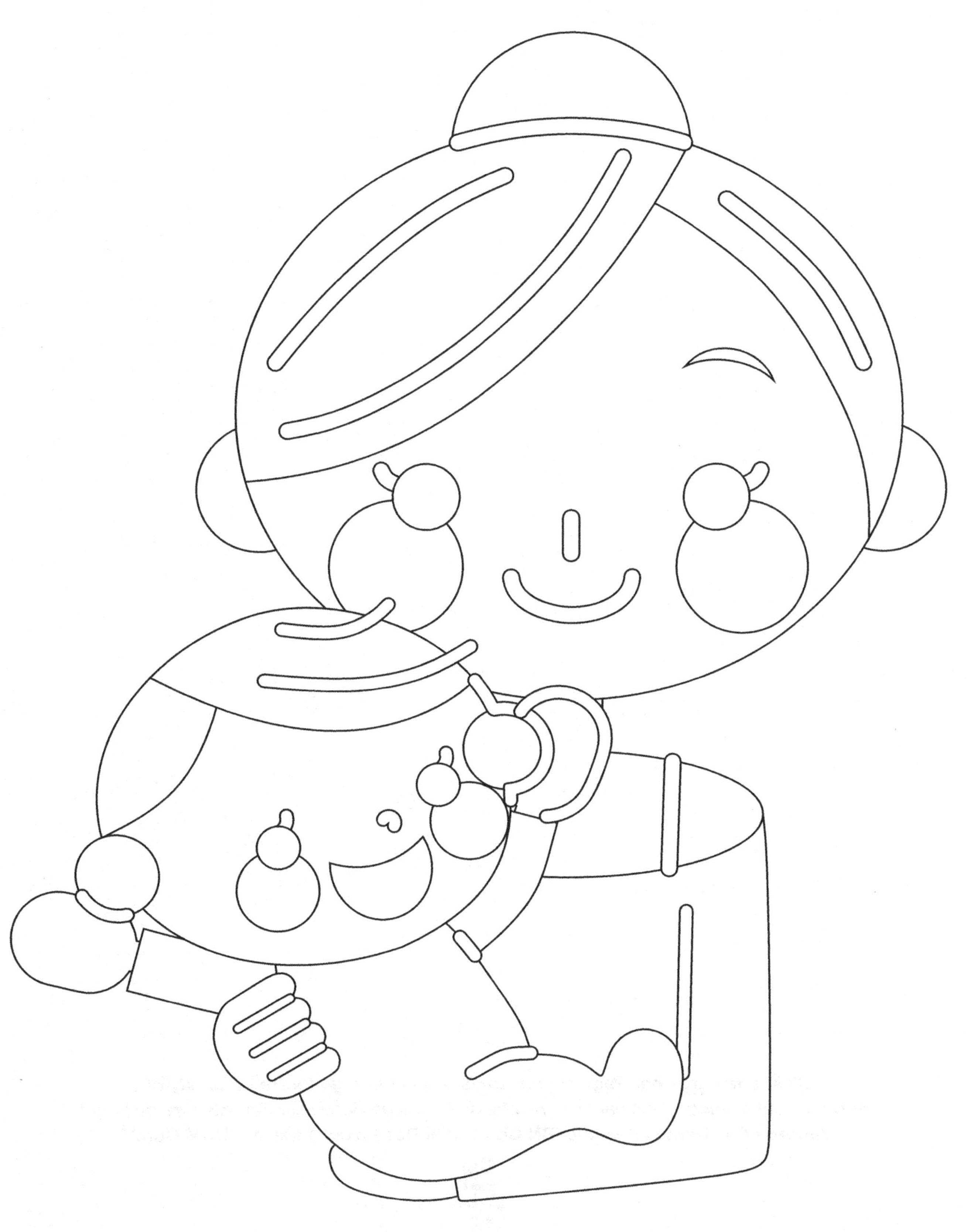

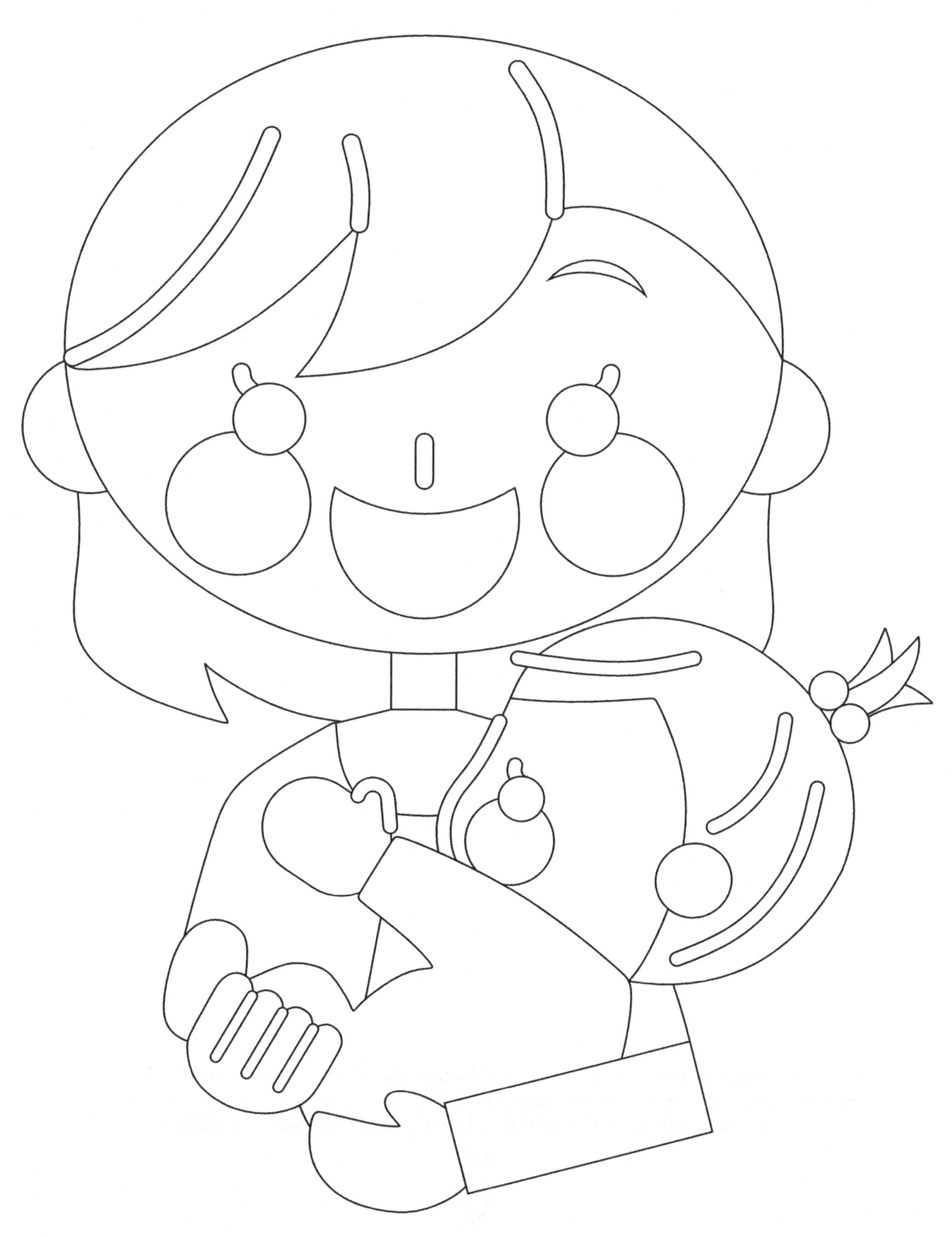

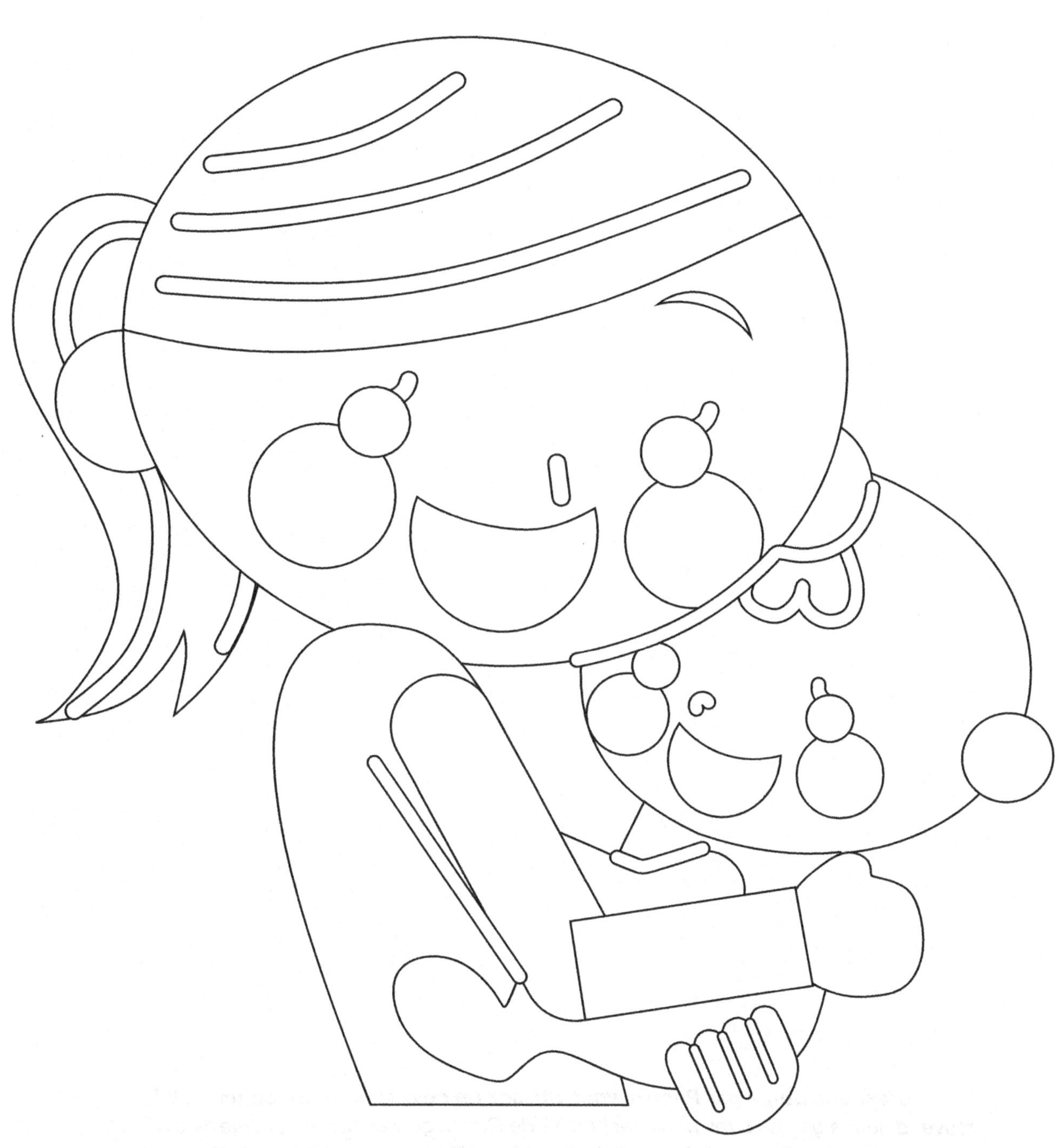

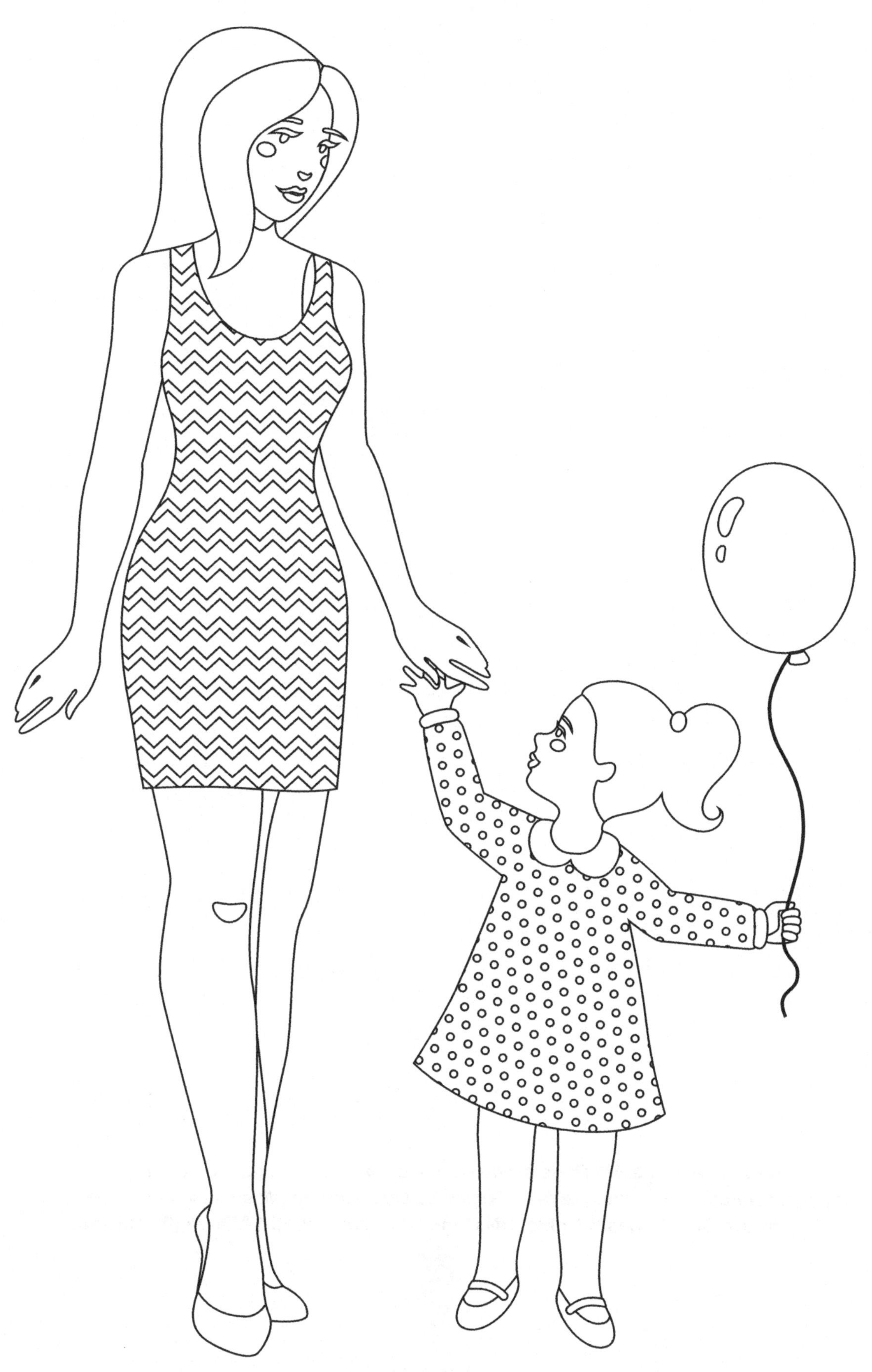

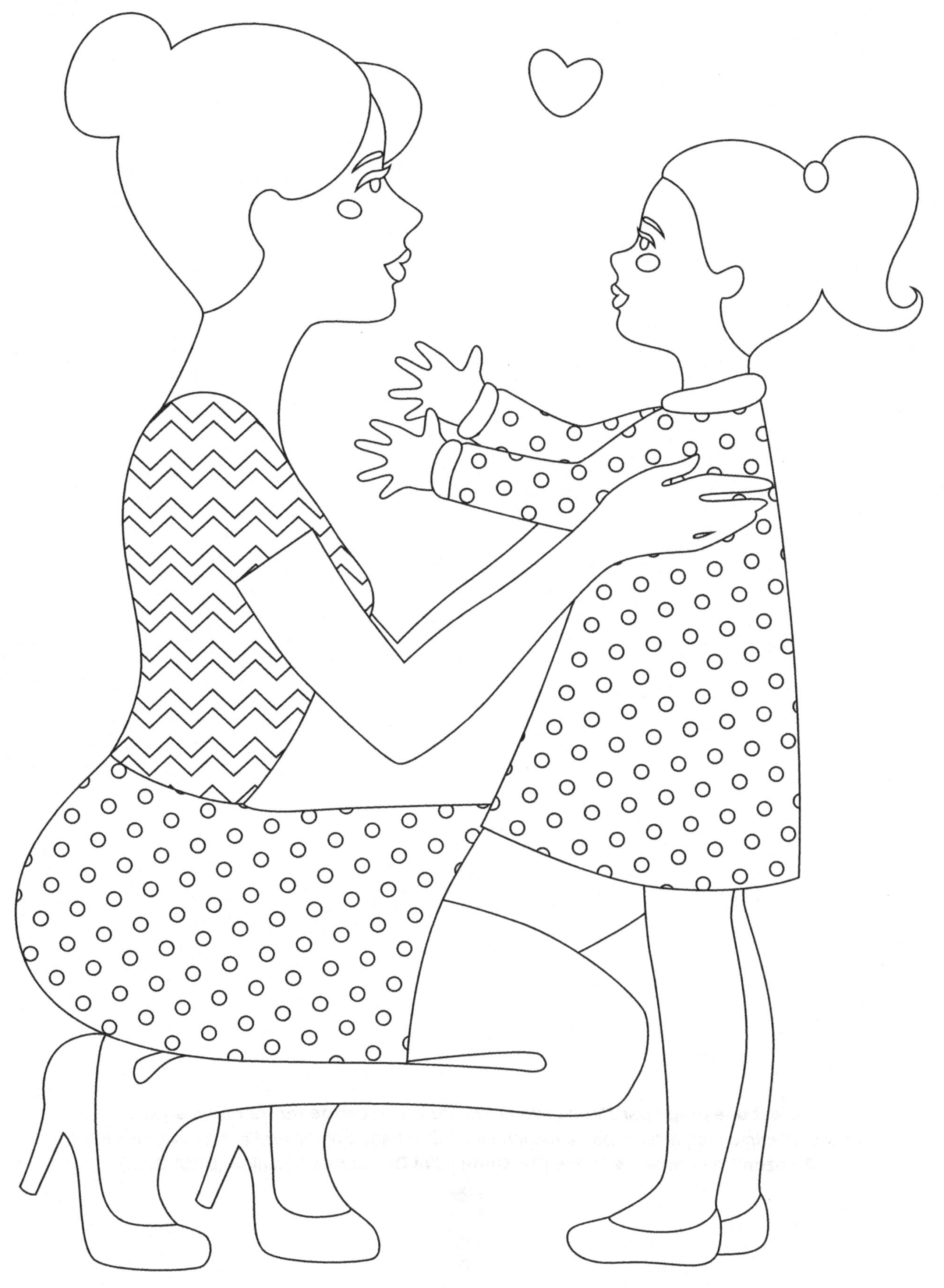

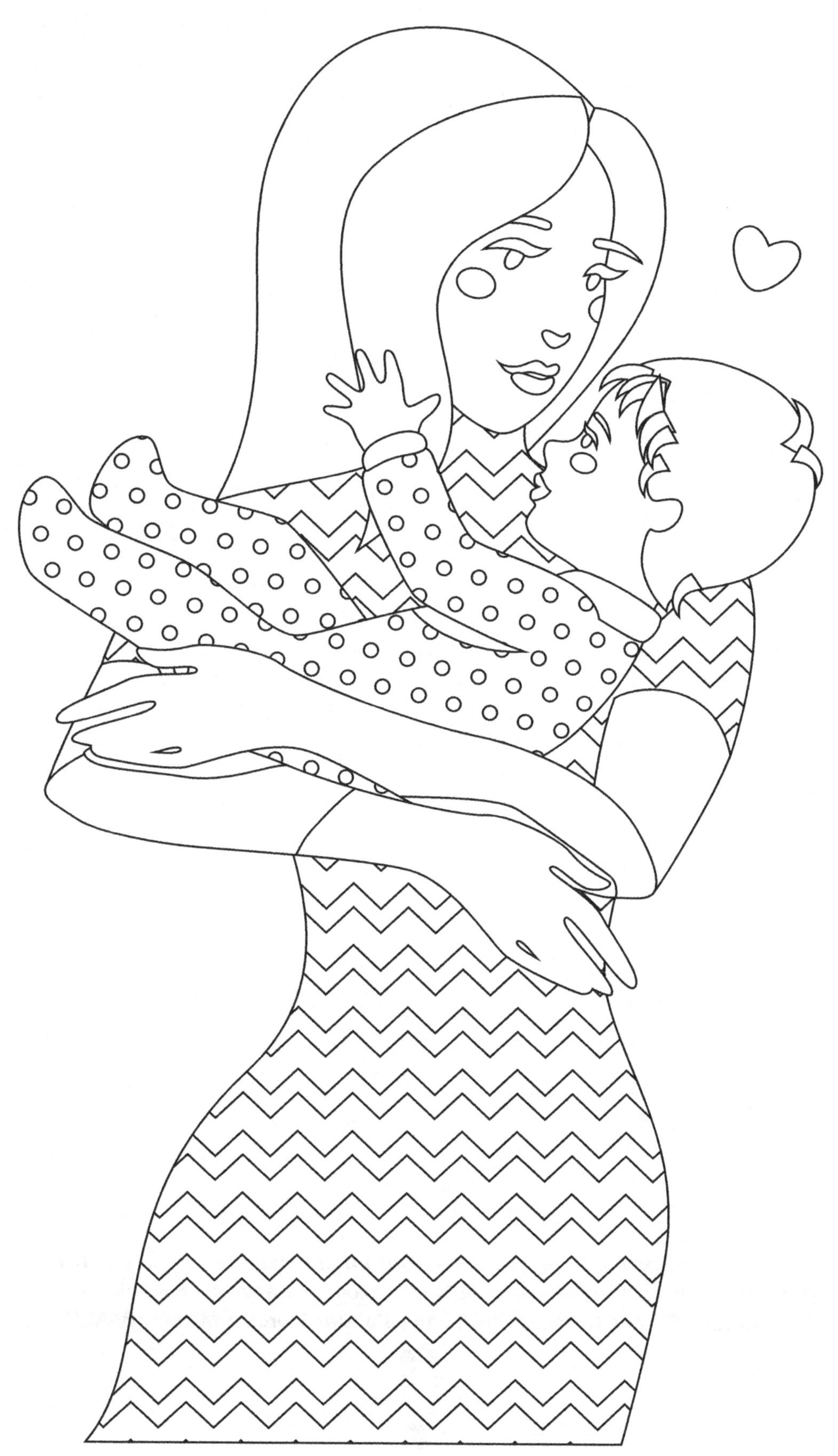

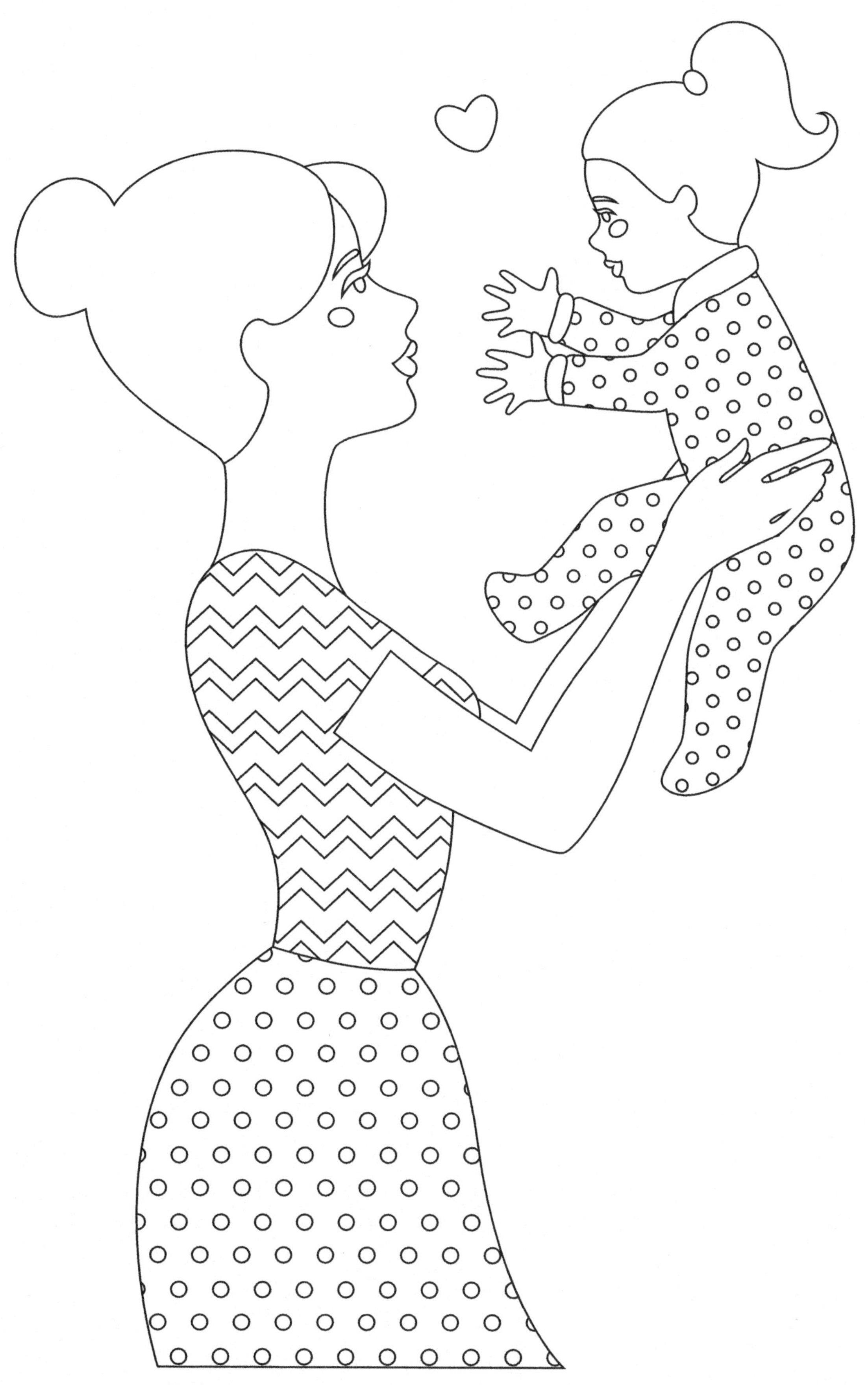

Made in the USA
Monee, IL
07 July 2026

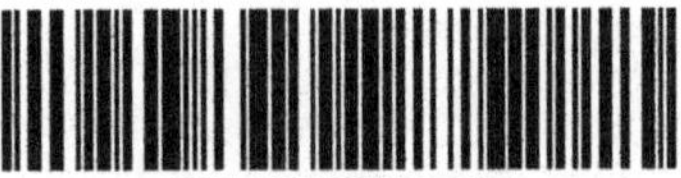

56546063R00059